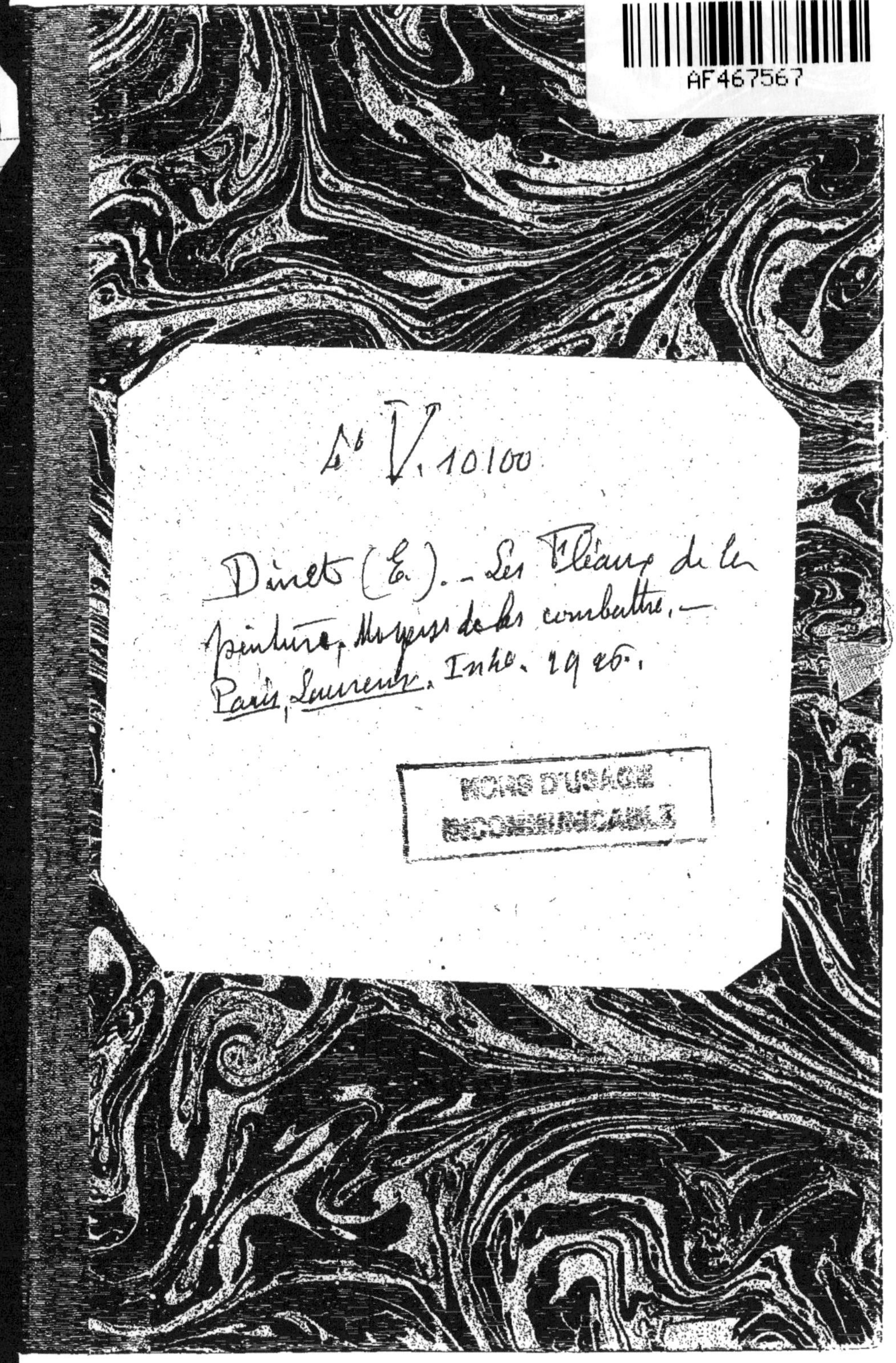

AF467567
8° V. 10100
Dinet (E.). – Les Fléaux de la peinture, Moyens de les combattre. – Paris, Laurens. In-8°. 1926.
HORS D'USAGE
INCOMMUNICABLE

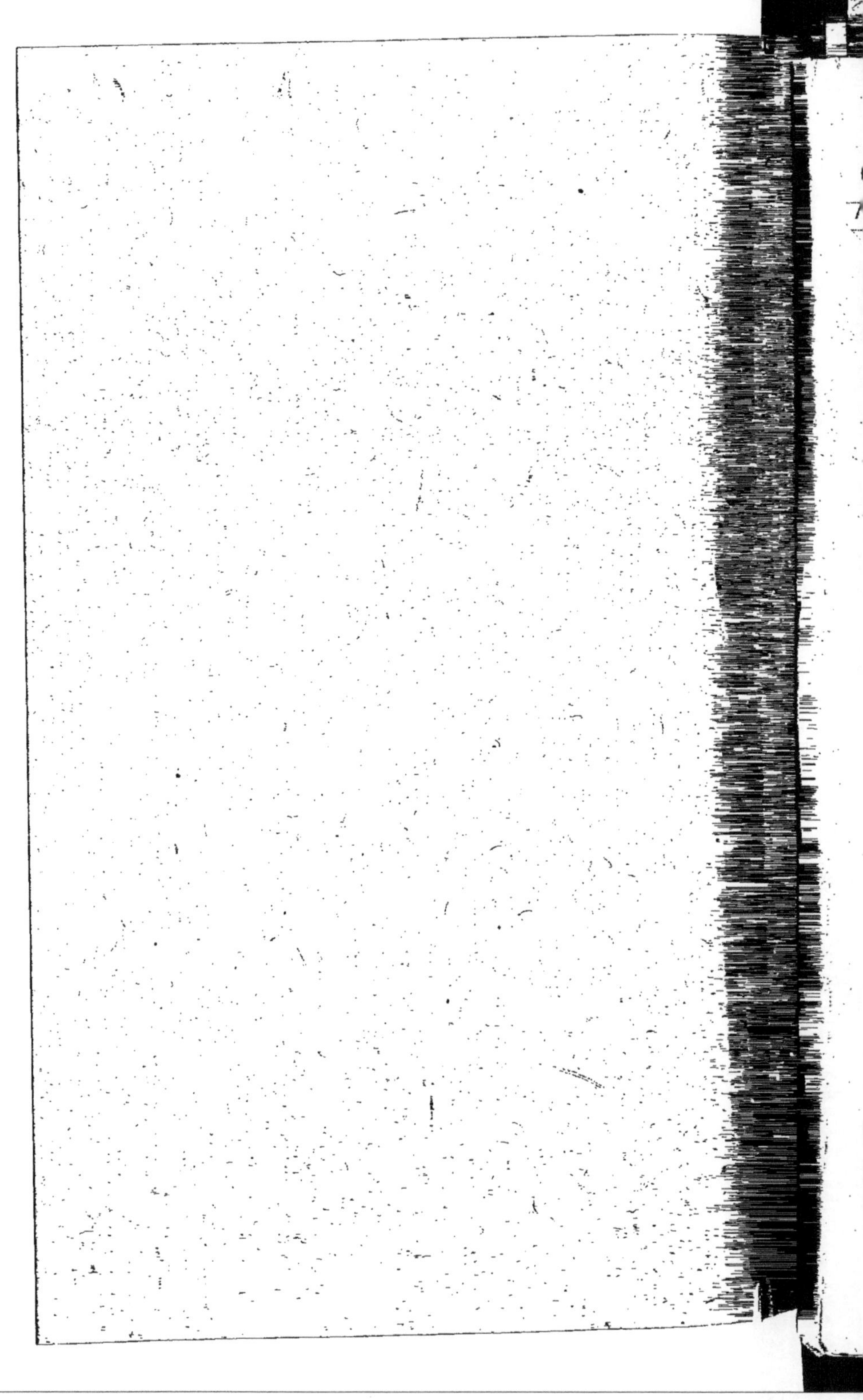

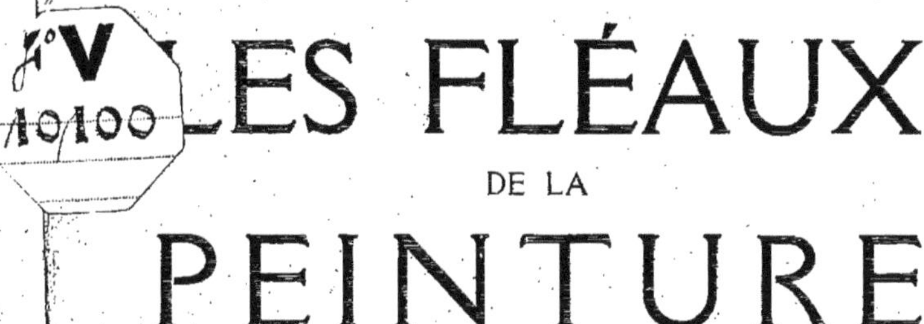

LES FLÉAUX
DE LA
PEINTURE

MOYENS DE LES COMBATTRE

par

E. DINET

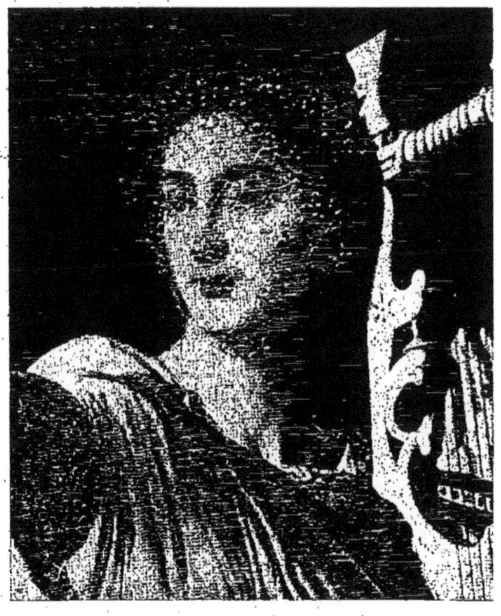

HENRI LAURENS, ÉDITEUR, PARIS

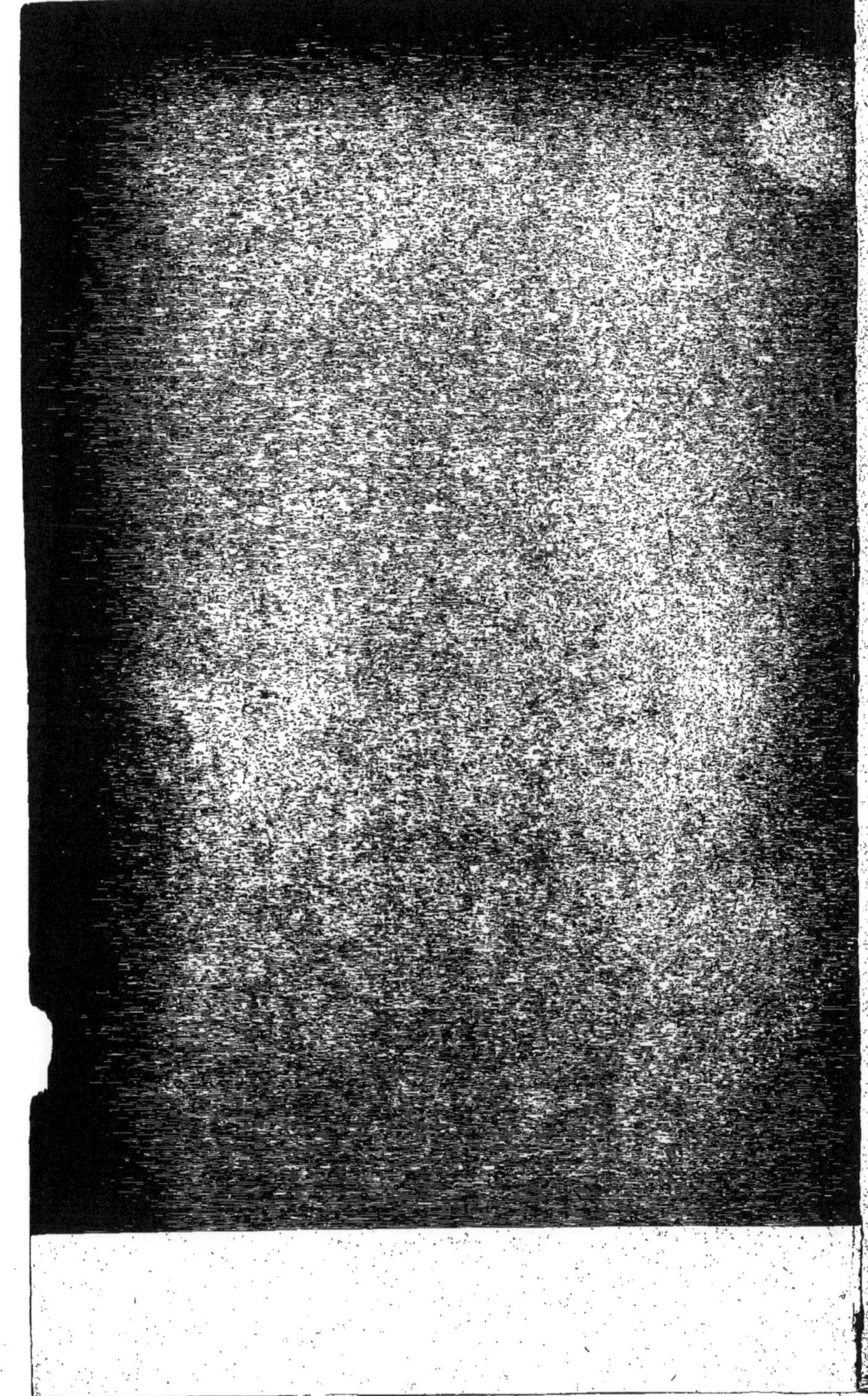

LES FLÉAUX

DE LA

PEINTURE

MOYENS DE LES COMBATTRE

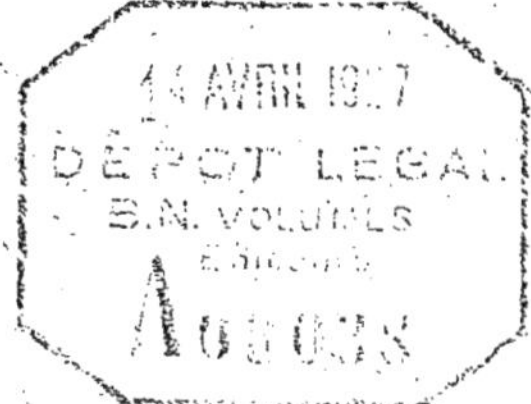

É. DINET

LES FLÉAUX
DE LA
PEINTURE

MOYENS DE LES COMBATTRE

Ouvrage illustré de huit planches hors texte

PARIS
HENRI LAURENS, ÉDITEUR
6, RUE DE TOURNON, 6

1926

INTRODUCTION

De l'action du temps sur la peinture

Tout d'abord une question se pose : est-il bien nécessaire de chercher à empêcher les modifications que subit la peinture par le fait du temps ? Les belles patines dont le temps revêt la plupart des matières, n'ajoutent-elles pas un charme incomparable aux œuvres déjà belles par elles-mêmes, et ne serait-ce pas commettre un acte de vandalisme que de chercher à entraver son action ?

Les tableaux qui nous passionnent aujourd'hui n'ont-ils pas, tout aussi bien que les étoffes, les ivoires, les cuivres, les bois sculptés, etc., toutes les belles choses enfin que les siècles passés ont léguées à notre admiration, acquis une harmonie que la main de l'homme avait été impuissante à leur donner, et ne serions-nous pas déçus si nous les retrouvions dans leur fraîcheur primitive ?

Cela nous semble probable et, si d'habiles restaurateurs étaient capables de nous rendre tout à coup les chefs-d'œuvre du Louvre tels qu'ils sont sortis de la main des maîtres, la première impression de notre œil habitué à la chaude harmonie dont le temps les a revêtus, serait peut-être pénible et certainement on réclamerait à grands cris le châtiment des auteurs d'une pareille profanation. Le scandale qui s'est produit à l'occasion de la restauration de certains tableaux célèbres en est la preuve.

Mais, à côté de ces bienfaits indiscutables, le temps apporte aussi les changements les plus fâcheux : couleurs noircies ou évaporées, vernis d'un ton goudronneux recouvrant des toiles dont l'éclat et la lumière étaient les qualités dominantes ; crevasses énormes, balafrant les figures et appelant pour les réparer l'ennemi peut-être le plus redoutable d'une œuvre d'art, le retoucheur imprudent.

Et ces altérations sont souvent si rapides que certains tableaux deviennent méconnaissables, de nos jours, en moins d'une dizaine d'années. On pourrait aisément les prévenir, si l'on tenait compte de leurs causes habituelles ; et c'est pourquoi nous nous sommes proposé de rechercher ces causes en étudiant et en faisant connaître les pratiques funestes auxquelles on soumet trop souvent les tableaux, et l'emploi des matières peu solides qui ont servi à leur exécution. Car non seulement ces matières vieillissent vite, mais elles vieillissent d'une façon hideuse, et il faut bien se pénétrer de ce principe auquel il n'est pas d'exception :

Il n'y a que les matières solides qui sachent bien vieillir.

Comparez les décombres lépreux des palais de plâtre de nos expositions aux ruines vermeilles des temples grecs dont les marbres sont pénétrés par la lumière du soleil ou aux dentelles de pierre si glorieusement patinées de nos cathédrales !

Voyez de même ces verts, ces rouges et ces violets extraits de l'aniline, quelle fraîcheur et quelle vivacité ils montrent au premier jour ; mais ils ne tardent pas tous à virer, au bout de quelques mois, en des tons louches, sourds, ternes et plombés. Comparez-les maintenant à l'éclat de vitrail acquis en vieillissant par les rouges et les verts extraits de la garance et de l'oxyde de chrome !

Comparez encore la couche opaque et goudronneuse des vernis de qualité inférieure à l'émail translucide et doré des vieux vernis au copal ou à l'ambre.

Le temps est un fin connaisseur, et quand une matière est laide, il l'enlaidit encore et la détruit avec une sorte de rage, tandis qu'il embellit et affermit celles qui sont capables de lui résister longtemps. C'est ainsi qu'il se venge impitoyablement en moins d'une année de ces ridicules contrefaçons de son œuvre, de ces patines artificielles si malheureusement adoptées par la mode.

Quelles sont donc les causes d'altération de la peinture ? Ces altérations sont de deux sortes :

1° *Celles qui sont dues à la technique défectueuse de l'artiste ;*

2° *Celles qui sont dues aux traitements barbares subis par le tableau après sa sortie de l'atelier.*

Nous n'avons pas la prétention d'enseigner aux peintres quel est le meilleur procédé de peinture ; il en est nombre d'excellents, si différents qu'ils soient entre eux. Nous chercherons à exposer les principaux de ces procédés en toute impartialité — et chaque artiste pourra choisir celui qui convient le mieux à son tempérament.

Nous donnerons aussi un résumé de nos expériences personnelles sur les qualités et les défauts des matières habituellement employées.

Enfin, nous suivrons les tableaux, au sortir de l'atelier, et nous étudierons les dangers qu'ils courent par suite des funestes traitements auxquels ils sont trop souvent soumis.

CHAPITRE PREMIER

Dans quelles mesures l'histoire, la physique et la chimie peuvent-elles nous aider dans nos recherches sur la technique de la peinture?

Si l'histoire, la physique et la chimie pouvaient nous renseigner d'une façon définitive sur les procédés employés par les Maîtres, sur les lois de l'optique, sur la solidité des couleurs et de leurs mélanges, notre tâche serait simplifiée, et notre ouvrage devrait être principalement basé sur les enseignements de ces trois sciences, dont les deux dernières méritent le titre de « sciences exactes ». Malheureusement, nos observations nous ont prouvé que ces sciences, si fécondes en résultats dans d'autres domaines, ne sont que d'un médiocre secours, pour le sujet délicat qui nous occupe.

1°. — RENSEIGNEMENTS HISTORIQUES

L'histoire nous laisse dans l'ignorance des procédés employés par les Maîtres d'autrefois ; seuls, les élèves de ces Maîtres étaient initiés à leur technique, dont ils gardaient le secret. Les rares détails anecdotiques ou légendaires qui nous sont parvenus, sont très insuffisants pour nous permettre de reconstituer la technique de nos ancêtres, et ils peuvent au contraire nous égarer dans nos recherches.

Exemples : Les historiens basent la découverte de la peinture à l'huile sur l'anecdote suivante : Van Eyck, ayant exposé à l'ardeur du soleil un de ses tableaux, dont la peinture ne pouvait sécher par une autre méthode, le panneau se fendit, et cet accident porta le maître flamand à chercher un procédé de peinture séchant à l'atelier et ne l'exposant plus à perdre en un instant tout le fruit de son travail.

La peinture à l'huile était connue longtemps avant Van Eyck, mais l'auteur le plus ancien qui en parle, le moine Théophile, ne la recommande que pour peindre des boiseries ou des statues, en ajoutant que « ce serait un « procédé trop long et trop ennuyeux pour la peinture « des tableaux, à cause de son manque de siccativité ». Nous devrions donc tirer comme conclusion de l'anecdote précédente, que la découverte de Van Eyck résida principalement dans l'emploi d'un siccatif puissant. Or, ainsi que nous chercherons à l'établir plus loin, cette conclusion serait inexacte.

Autre anecdote : Le pape Jules II, ayant eu un jour la curiosité d'entrer, en l'absence de Léonard de Vinci, dans la pièce qui lui servait d'atelier, fut étonné de n'y voir, au lieu des esquisses et des cartons qu'il s'attendait à y trouver, que quelques appareils et ustensiles de chimie qu'il crut destinés à la préparation des vernis : « Celui-ci, dit Jules II, commence par où les autres finissent. » Ce passage suffit à un artiste anglais, Timothée Sheldrake, pour affirmer que Léonard de Vinci mêlait habituellement du vernis dans ses couleurs.

« Il ne faut pas être difficile en fait de preuves, écrit « Mérimée, pour admettre comme telles un témoignage « aussi vague. Les appareils de chimie que le pape jugea « destinés à la préparation des vernis, pouvaient servir, « soit à celle des huiles siccatives, soit à la rectification « de l'essence de térébenthine, opérations que les peintres « étaient obligés de faire eux-mêmes... Dans son traité « de peinture, Léonard de Vinci ne fait mention de l'em-« ploi du vernis qu'à l'occasion de l'acétate de cuivre « (du Verdet), qui, sans cette précaution, se dissoudrait « dans l'eau, lorsqu'on laverait le tableau. » (Mérimée. *De la Peinture à l'huile*, p. 9).

Voici maintenant un document d'une valeur historique précise et certaine. Dans le même livre, Mérimée recommande de mélanger aux couleurs à l'huile une certaine proportion du vernis du moine Théophile (copal à l'huile) et il ajoute : « C'est celui qu'employait Prudhon, dans « les dernières années de sa vie. Son tableau représen- « tant un Christ en croix et que possède le Musée, est « peint avec ce vernis. On pourra, dans la suite, voir « l'effet qu'il a produit. » *ibidem*, (p. 92).

Si l'on en jugeait par l'état lamentable dans lequel cette toile se trouve aujourd'hui, avec les crevasses énormes qui la sillonnent, surtout dans ses parties sombres, le procédé recommandé par Mérimée pourrait, à première vue, être qualifié d'exécrable. D'ailleurs c'est aux conseils et aux « drogues » de ce savant chimiste que l'on attribue généralement, mais injustement, les désastres subis par certaines œuvres de son ami Prudhon.

Lorsqu'on étudie ces crevasses de plus près, on s'aperçoit que la cause en est toute autre. Les vernis résineux employés par Prudhon dans sa peinture, sur le conseil de Mérimée, ont au contraire l'avantage de prévenir les craquelures, dans la limite du possible, s'ils ont été également répartis dans les différentes couches de couleur.

Mais, dans le tableau du Christ, on voit exsuder, par toutes les crevasses, des coulées de bitume, et on a ainsi la preuve que cette toile a été peinte sur une ébauche exécutée avec cette désastreuse couleur.

Le bitume ne séchant jamais à fond, se liquéfiant sous l'action de la chaleur, se recroquevillant sous celle du froid, il était facile de prévoir ce qu'il adviendrait de la couche de couleur durcie par son vernis intérieur, rétractée par son vernis superficiel et superposée à cette couche éternellement mouvante.

Le seul tort de Mérimée fut donc de ne pas avoir interdit formellement à Prudhon l'emploi du bitume, dont il ne semble pas avoir connu tout le danger.

D'après ce qui précède, on voit donc que la connaissance d'un détail de la technique d'un artiste, loin d'apporter une certitude, peut devenir une cause d'erreur.

L'histoire ne nous renseigne assez exactement que sur les produits, couleurs, huiles et vernis dont disposaient les peintres antérieurs à la Révolution, et cette connaissance peut nous permettre de dévoiler des faux ou des retouches modernes, si nous y découvrons des couleurs inventées postérieurement. Elle nous permet aussi de juger de la solidité ou de la fragilité de ces anciennes couleurs, d'après leur état actuel (à moins qu'elles n'aient été rajeunies par des retouches récentes).

Mais il faut renoncer à l'espoir de reconstituer, avec l'aide de l'histoire, les procédés très minutieux, très compliqués, et d'ailleurs inapplicables à notre époque, des Maîtres d'autrefois. Seule une expérience très longue des effets produits sur les couleurs par leurs divers agglutinants, et en particulier par les huiles, les essences et les vernis, est capable de nous en donner une idée approximative.

2°. — RENSEIGNEMENTS DUS A LA PHYSIQUE

Les couleurs complémentaires

L'harmonie des couleurs obéit évidemment à des lois très subtiles. Est-il possible de déterminer ces lois d'une façon utile pour la peinture ?

Pour répondre à cette question, voyons quels résultats a produits la plus célèbre et la mieux établie de ces lois, celle des couleurs complémentaires.

Une discussion sur ce sujet semble nous écarter de notre programme, consacré à la technique. Mais cette loi est considérée de nos jours comme une sorte de « panacée » par nombre de peintres qui l'invoquent, telle une sainte, dans tous les cas difficiles. Ils croient obtenir, par son intercession : harmonie, éclat, lumière, effets de contraste, etc., alors que, en leur faisant oublier le contrôle de l'œil, elle les conduit généralement aux erreurs les plus flagrantes, à tel point qu'il n'est pas exagéré de la classer parmi *les fléaux de la peinture.*

Loin de nous l'idée de contester la valeur de ces lois établies par le célèbre Chevreul ; ce que nous critiquons, c'est leur application tout à fait *anti-scientifique*, dans la peinture.

Exposons rapidement les principes établis par Chevreul:

1° Deux couleurs complémentaires sont deux couleurs dont l'une est le complément de l'autre, et *dont le mélange doit reconstituer la couleur blanche*. Les couleurs complémentaires sont ainsi groupées deux à deux : *violet et jaune verdâtre ; indigo et jaune ; bleu et orange ; vert et rouge.*

2° Quand deux couleurs sont juxtaposées, la nuance de chacune d'elles est modifiée par son mélange avec la couleur complémentaire de l'autre.

3° Si les couleurs juxtaposées sont complémentaires, chacune d'elles paraît plus vive et plus pure.

4° Si l'on juxtapose une couleur à du blanc ou du noir, elle paraît entourée d'une auréole de sa couleur complémentaire.

5° Les ombres colorées sont explicables par « contraste simultané ». Ainsi l'ombre donnée par une bougie paraît bleue, la lumière étant orangée.

6° Par « contraste successif », les yeux qui sont restés longtemps fixés sur un objet coloré, aperçoivent les autres objets modifiés par la couleur complémentaire du premier.

Notre confiance dans le grand savant et notre incompétence en matières scientifiques, nous empêchent de contester l'exactitude de ces lois. Mais, comme nos yeux nous ont prouvé que, dans bien des cas, la nature les contredisait formellement, nous ne les admettrons qu'en théorie, avec des couleurs échappant à toutes les conditions des couleurs de ce monde, c'est-à-dire avec des couleurs qui seraient d'une pureté idéale, comme celles du spectre solaire, et qui ne subiraient aucune influence de la matière, de la distance, de la lumière, des valeurs, des dimensions, de l'atmosphère, des reflets, etc.. car toutes ces causes qualifiées de secondaires infirment plus ou moins complètement la cause première.

Permettez-nous de citer un exemple personnel, dans un autre ordre d'idée, afin de faire mieux comprendre notre pensée : Nous fîmes jadis un voyage dans le Sahara, en caravane, et en compagnie d'un savant qui, pour mesurer la température de l'atmosphère, usait du seul thermomètre vraiment scientifique, le thermomètre à fronde. Notre voyage avait lieu au mois de Mars, époque pendant laquelle la température des plaines désertiques est variable à l'extrême ; il y eut des jours où nous grelottions comme en hiver, et il y en eut d'autres ou nous étouffions, comme en été. Régulièrement, après déjeuner, notre savant faisait tournoyer pendant un quart d'heure son thermomètre à fronde — et il notait la température indiquée par cet instrument.

Quel ne fut pas notre étonnement lorsque, à la fin du voyage, notre ami nous montra le résultat de ses observations : tous les jours, à midi, la température notée avait été exactement la même : 28 degrés. C'était celle de l'atmosphère, la seule admise par la science. Toutes les causes secondaires avaient été éliminées, et pourtant, la bise glaciale, la gelée matinale, l'ardeur d'un soleil d'une pureté sans égale, les reflets du sable surchauffé, l'humidité ou la sécheresse de l'air, le souffle du simoun, etc... n'avaient-

Pl. I.

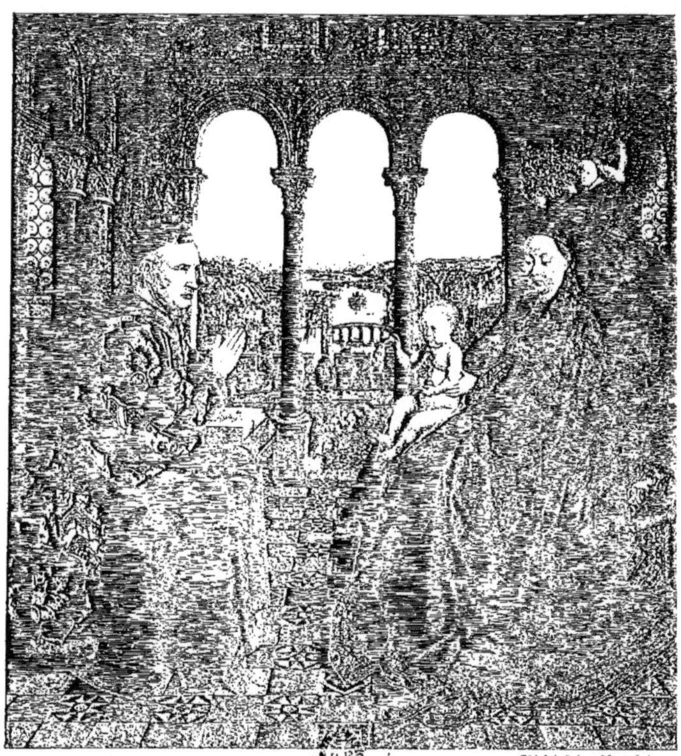

Cliché Lévy-Neurdein.

JEAN VAN EYCK. — LA VIERGE ET LE CHANCELIER ROLIN (vers 1435-1440). (Musée du Louvre).

Examinez ce merveilleux petit panneau : voyez la chaude coloration de la peau des visages, sous laquelle le sang circule ; les joyaux et les étoffes lamées d'or qui scintillent, la limpidité des eaux de la rivière ; la précision incroyable des édifices et des montagnes qui restent à leur plan, en dépit de cette netteté, la transparence de la lumière qui traverse les arcades et les vitraux, la profondeur des ombres, etc...

ils pas eu sur notre épiderme des effets pour le moins aussi actifs que ceux de la cause première ?

Le même phénomène se produit pour les couleurs complémentaires, dès qu'on applique leur théorie à la peinture — et il est facile de le démontrer par quelques exemples. Si, pour représenter une belle lumière blanche, un peintre, confiant dans cette théorie, mélangeait deux couleurs complémentaires telles que le vert et le rouge, en se servant de vert véronèse et de vermillon, c'est-à-dire du vert et du rouge le plus lumineux, quel résultat obtiendrait-il ? Une teinte grise, très foncée et très sale, qui, avec ce mélange peu recommandable au point de vue chimique, se changerait bientôt en un noir brunâtre !

Par cet exemple, on voit déjà que les couleurs *matérielles* que nous possédons sont tout à fait inaptes à réaliser les effets des couleurs *théoriques* de Chevreul.

Lorsque deux couleurs complémentaires sont juxtaposées, chacune d'elles devrait paraître plus vive et plus pure, d'après la théorie de Chevreul. Cet effet se produit quelquefois, mais fréquemment l'effet inverse a lieu. Ainsi, lorsque deux couleurs ont une surface et un éclat égaux, au lieu de s'exalter réciproquement, elles luttent l'une contre l'autre et l'effet d'ensemble se traduit par une diminution d'éclat pour toutes deux.

Si elles sont juxtaposées par des quantités de petits carrés ou de pointillés entremêlés, leur éclat, loin de s'exalter, disparaîtra totalement, à une certaine distance, pour faire place à une teinte grisâtre, très terne et très foncée.

Lorsque la lumière qui les frappe change d'intensité, certaines couleurs complémentaires changent complètement, dans leurs rapports entre elles : prenons, par exemple, de l'orange et du bleu, de même valeur et de même intensité, sous une lumière moyenne.

Si nous augmentons la lumière qui les frappe, nous verrons aussitôt l'orange s'éclaircir et pâlir, tandis que le bleu s'assombrira et gagnera en intensité.

Si nous diminuons la lumière, l'effet contraire se produira : l'orange s'assombrira et le bleu pâlira dans des proportions extraordinaires. Que restera-t-il, dans ces cas, de l'effet complémentaire ?

Si l'on juxtapose une couleur à du blanc ou à du noir, elle devrait paraître entourée d'une auréole de sa couleur complémentaire. Cela est vrai *sur le papier* — mais presque toujours faux avec des objets lumineux se détachant sur un fond sombre.

Regardons des lanternes vénitiennes rouges, vertes ou bleues, brillant sur un fond de ténèbres ; d'après la loi, elles devraient être entourées : les rouges d'une auréole verte ; les vertes, d'une auréole rouge, et les bleues, d'une auréole orange, et nous avons vu bien des tableaux dans lesquels les peintres avaient observé *aveuglément* cette loi.

Or s'ils s'étaient fiés à leurs yeux, seuls juges compétents en la matière, ils auraient constaté des effets tout contraires : la lanterne rouge, s'auréolant d'un rouge sombre et froid ; la lanterne verte, s'auréolant d'un vert sombre et froid ; la lanterne bleue, s'auréolant d'un bleu sombre et froid. Que se produit-il ? Le *rayonnement* d'une lumière ou d'un objet lumineux et coloré prolonge leur propre couleur, en auréole, sur le fond sombre qui la refroidit et l'effet de ce rayonnement est tellement puissant qu'il annihile toute influence de la couleur complémentaire.

Dans d'autres cas, cette auréole due au rayonnement ne tiendra ni de la couleur complémentaire ni de la couleur de l'objet lumineux lui-même ; cela se produira surtout si la différence des valeurs est moins grande que la différence des matières. Ainsi, nous verrons un mur jaunâtre vivement éclairé par le soleil, s'entourer d'une auréole rosée, à l'endroit où il se détache sur un ciel d'un bleu pur.

Par contraste simultané, l'ombre d'une lumière doit prendre la couleur de la complémentaire de cette lumière. Cela est exact à une condition, c'est que cette ombre ne subisse aucune autre influence, comme cela a lieu, pour l'ombre d'une bougie. Mais lorsqu'il s'agit des ombres du soleil, cet effet se trouve toujours modifié ou même annihilé par les reflets du ciel ou par ceux des objets environnants.

Cela n'a pas empêché des centaines de joues roses de

se voir affligées d'ombres de vert véronèse, pour donner satisfaction à la théorie.

Nous pourrions multiplier à l'infini les exemples où l'effet des complémentaires est insignifiant, détruit ou même absolument contredit.

Il en est de même pour une loi suivant laquelle une bande claire juxtaposée à une bande sombre doit paraître plus claire dans la partie qui se rapproche de la bande sombre, tandis que la bande sombre doit paraître plus sombre dans la partie qui avoisine la bande claire. Cette loi des valeurs, elle aussi, est exacte *sur le papier* ou dans une affiche, mais elle est presque toujours fausse dans la nature, à cause du rayonnement qu'émet tout objet éclairé.

Cela n'a pas empêché quelques peintres de l'utiliser, en fermant leurs yeux devant la nature. Ainsi, nous nous souvenons d'un paysage au fond duquel une tour blanche, éclairée par le soleil se détachait sur le ciel. Pour obéir à la fameuse loi, l'artiste avait assombri le ciel dans la partie avoisinant la lumière de la tour ; il l'avait au contraire éclairci au bord de l'ombre de cette même tour. Aveuglé par sa confiance dans la théorie, il ne s'apercevait pas que le ciel, réalisé par cet étrange procédé, produisait l'effet d'une toile gondolée ou capitonnée et collée immédiatement derrière la tour.

Nous venons de voir à quelles incohérences peuvent être entraînés les artistes qui s'imaginent obtenir de l'éclat ou de la lumière par la seule application des principes de Chevreul.

Que dire de celles qu'ils commettent lorsqu'ils croient obtenir de l'harmonie, par la même méthode !

Jamais, d'ailleurs, Chevreul n'a prétendu que l'assemblage de deux couleurs complémentaires fût plus harmonieux que celui de deux autres couleurs.

Des lois très subtiles régissent cette harmonie, cela est indubitable ; mais elles nous sont encore presque complètement inconnues et, jusqu'au jour lointain et improbable où elles seront *toutes* déchiffrées et déterminées par la science, les artistes qui s'imagineront peindre d'après des méthodes scientifiques, ne produiront que des œuvres absolument contraires au véritable esprit scientifique. Heureux les grands décorateurs de l'Orient qui ne connurent, pour les couleurs, que les lois de leur œil et de leur intuition.

O jeunes peintres, étudiez les lois des couleurs complémentaires, pour les discuter et pour les contrôler par vos observations sur nature, ce sera pour vous un exercice très salutaire. Mais laissez aux boxeurs la gloriole de se proclamer *scientifiques*. Contentez-vous d'être des *artistes*, et ne vous fiez qu'à votre œil : s'il est juste, il créera des chefs-d'œuvre, sans le secours d'aucune théorie, et, s'il est faux, aucune théorie ne sera capable de le corriger.

3°. — LA CHIMIE

Bien plus que les deux sciences précédentes, la chimie peut rendre service à la peinture, non seulement par ses découvertes de couleurs admirables, mais aussi par les renseignements qu'elle nous fournit sur la solidité des couleurs et sur celles de leurs mélanges.

Néanmoins, sur ce dernier point, il serait imprudent d'avoir en elle une confiance illimitée. On raconte qu'au moment de l'inauguration des peintures de Baudry à l'Opéra, Berthelot fit la proposition suivante : « Montrez-moi la palette de Baudry et je prédirai ce qu'il adviendra de ses peintures ». Nous ignorons si le propos est exact, et s'il y fut donné une suite quelconque. Mais, si son authenticité était prouvée, nous estimerions qu'une pareille prédiction basée sur une simple palette eût été tant soit peu hasardée. En effet, tout ce qu'aurait pu prédire le grand chimiste, c'eût été la disparition ou l'obscurcissement de quelques couleurs.

La question était autrement complexe ; et, comme l'examen d'autres tableaux de Baudry nous prouve que sa palette était assez saine, nous pouvons dire que les causes considérées comme secondaires, étaient celles qui devaient avoir le plus d'influence sur la conservation des peintures en question. Pour elles, le plus grave danger provenait du gaz d'éclairage, à cette époque où la lumière électrique n'était pas encore employée. Sous la couche de suie accumulée par les fumées du gaz, les plafonds devinrent invisibles, en quelques années, et on dut procéder au nettoyage de ces peintures encore en pleine jeunesse.

Qu'allait-on retrouver sous cette couche de suie ? Les gaz délétères n'avaient-ils pas attaqué les couleurs ? Baudry avait-il eu la précaution de recouvrir ses œuvres d'un enduit protecteur, et, dans ce cas, quelle était l'efficacité de cet enduit ?

La première question qu'aurait dû poser Berthelot aurait dû être : « Baudry a-t-il songé à protéger sa peinture contre les gaz délétères, et avec quelle matière ? »

Heureusement, d'après ce que nous a dit le marchand de couleurs de l'artiste, toutes ces peintures avaient été recouvertes d'une couche de cire, laquelle est facilement nettoyable et constitue le meilleur moyen de protection pour les couleurs.

Quant aux altérations chimiques des couleurs, il eût été difficile au célèbre savant de faire une prédiction s'appliquant également à toutes ces peintures, car les unes sont exposées à une vive lumière, comme celles qui, dans le Foyer, regardent le Sud, tandis que les autres restent dans l'ombre.

Dans les premières, les blancs conserveront toute leur pureté, mais les vermillons noirciront et les laques passeront. Dans les autres, au contraire les blancs jauniront, tandis que les vermillons et les laques seront à peine altérés.

D'après cet exemple et d'après les expériences que nous allons relater, nous pouvons conclure ainsi :

Le rôle de la chimie dans la peinture consiste avant tout à découvrir des couleurs et des produits nouveaux et à notre époque, elle a enrichi notre palette de découvertes merveilleuses, dont nous devons lui être extrêmement reconnaissants.

Elle peut ensuite nous prévenir de la fragilité ou de la solidité de certaines couleurs et du danger ou de l'innocuité de leurs mélanges. Mais, sur ce point, nous ne devons pas la croire aveuglément. Ses affirmations ne doivent être prises que comme des points de départ que nous contrôlerons par des expériences précises et répétées.

CHAPITRE II

Avantages et erreurs provenant de l'utilisation de l'anatomie, de la perspective et de la photographie, dans la peinture de chevalet.

Trois sciences, deux anciennes et une moderne : l'anatomie, la perspective et la photographie ont apporté leur aide à la peinture, et, bien qu'elles n'aient pas un rapport direct avec la technique, nous croyons utile d'en dire ici quelques mots, afin de compléter ce chapitre sur les rapports de la science et de l'art.

Etudions donc rapidement les bienfaits et aussi, les méfaits de ces trois sciences au point de vue de la peinture.

1°. — L'ANATOMIE

L'anatomie fut très en faveur, et même trop en faveur, chez les peintres, jusqu'au milieu du XIXe siècle. Depuis, elle fut de plus en plus délaissée et, aujourd'hui, elle n'est plus l'objet d'aucun culte dans les petites chapelles qui se proclament *scientifiques*.

Et cela est paradoxal, car l'anatomie peut être considérée comme la science la plus utile pour un peintre de figures.

Celui qui ignore la direction des muscles qui jouent sous la peau, est incapable de comprendre le mécanisme des mouvements et, par suite, d'exprimer avec justesse les gestes de l'humanité.

Cela ne veut pas dire que la connaissance de l'anatomie puisse remplacer l'étude du modèle vivant ; l'exemple des peintres qui l'ont cru jadis, nous montre à quelles erreurs on peut arriver dans ce sens. Leurs figures académiques, boursouflées par les saillies de *tous* les muscles qu'ils connaissaient, ont, pour employer une expression d'atelier, l'aspect de *sacs de noix*. Quant au mouvement, il se trouve comme paralysé par cet excès de science anatomique, car si un geste fait saillir certains muscles actifs, dans un mouvement, il aplatit au contraire les autres muscles, qui sont « antagonistes » dans ce même mouvement.

En un mot, l'anatomie ne doit servir qu'à comprendre la structure intime du modèle, et jamais à le remplacer.

De même pour l'expression, la connaissance des muscles du visage est fort utile. Le savant Duchesne de Boulogne a fait à leur sujet des études du plus haut intérêt ; il a déterminé très exactement le rôle de chacun de ces muscles dans l'expression de la joie, de la douleur, de l'attention, de la frayeur, du mépris, de la sensualité, etc., et en même temps, il a démontré que si tel muscle se contractait, la saillie de tel autre muscle, « antagoniste », devait s'effacer. Partant de ce principe, il a critiqué les expressions de certaines statues célèbres, telles que le « Laocoon », la « Niobé », dans lesquelles des muscles antagonistes font également saillie, ce qui est *impossible* au point de vue de l'anatomie.

Cette critique est irréprochable, au point de vue scientifique, mais, au point de vue esthétique, on peut la discuter, car la seule chose qui importe, c'est de rendre, non *ce qui est*, mais *ce qui paraît.*

Or une expression est presque toujours complexe et, si elle ne peut mettre en jeu deux muscles antagonistes, *simultanément*, elle le fera *successivement*, avec tant de rapidité que les deux contractions en résultant paraîtront *simultanées* pour notre œil.

Prenons comme exemple l'expression de « l'étonnement douloureux ». Le muscle frontal, qui se contracte sous le coup de l'étonnement, relève le sourcil par le milieu, en arcade, et plisse le front en rides arcadées, suivant exactement la forme du sourcil. Sous l'effet de la douleur, c'est le muscle sourcillier qui se contracte ; aussitôt, la tête du sourcil s'élève, une légère dépression se creuse au-dessus d'elle, un bourrelet perpendiculaire se forme, et prolonge la tête du sourcil au-dessus de la naissance du nez, et *toutes les rides produites par l'étonnement s'effacent instantanément.*

Si l'on combine sur une même figure, ces deux genres de rides, qui ne peuvent exister simultanément, on commettra une faute flagrante au point de vue de la vérité anatomique, mais, au point de vue plastique on réalisera parfaitement l'expression de « l'étonnement douloureux ».

2°. — LA PERSPECTIVE

La perspective est, on peut le dire, une découverte européenne ; les écoles asiatiques l'ont presque toujours ignorée ou, tout au moins, négligée. C'est une science exacte ; elle a rendu d'immenses services à la peinture et surtout à la peinture décorative. Mais elle est tout à fait insuffisante et souvent même absurde, dans les tableaux de chevalet.

Dans la reproduction des monuments, si elle n'est pas corrigée par les milliers d'accidents de la nature, elle devient d'une froideur insupportable, et, dans la peinture des figures, elle est ordinairement inapplicable. En effet, une figure importante est presque toujours représentée dans la composition d'un tableau, comme si elle était vue à une distance de deux ou trois mètres. Or, à cette distance, les déformations perspectives sont formidables.

Dans un personnage se présentant de trois quarts, avec les bras écartés, la main la plus rapprochée serait trois ou quatre fois plus grande que la main la plus éloignée ! Ce n'est guère qu'à partir de six mètres que les déformations sont supportables. Mais à cette distance, le personnage perd presque toute son importance, dans le décor et, par suite, il devient impossible de représenter derrière lui un fond intéressant. Dans les portraits des Primitifs, les têtes qui se détachent sur un fond de paysage détaillé, se trouvent, perspectivement, placées à un mètre, au plus, du spectateur.

Dans tous les tableaux de chevalet où les figures dominent, par leurs dimensions, la perspective est donc fatalement faussée, pour ne pas choquer trop violemment notre œil : les personnages sont représentés comme s'ils étaient à six mètres au minimum, tandis que dans leurs rapports avec le fond, ils ont les mêmes dimensions que s'ils étaient à deux ou trois mètres au maximum. Mais les artistes ont mille fois raison de commettre ces erreurs ; ils rendent non ce qui est, mais ce que nous voyons.

3°. — LA PHOTOGRAPHIE

La photographie qui, lorsqu'elle est faite d'une façon scientifique reproduit la perspective exacte, doit, d'après ce qui précède, être sévèrement proscrite pour la perspective des figures, dans les tableaux de chevalet. Mais pour être justes, reconnaissons qu'elle peut rendre de très grands services, au point de vue de la documentation, lorsque l'on pose en principe qu'*elle ne doit jamais être copiée car, ni comme perspective, ni comme valeurs, ni comme modèles, ni comme mouvements, l'objectif photographique ne « voit » comme l'œil humain.*

Nous venons de montrer ses défauts au sujet de la perspective ; on sait, d'autre part, ses erreurs dans le rendu des couleurs : le jaune, le rouge et le vert le plus pâles viennent en noir, tandis que le bleu et le violet le plus foncés viennent en blanc.

Les valeurs rendues par la photographie sont tellement différentes de celles que notre œil perçoit, que nombre de procédés ont été inventés pour corriger cet écart. Malheureusement, ils ne constituent que des atténuations extrêmement légères, à peine suffisantes pour faire faiblement apparaître des fonds bleuâtres, complètement invisibles avec les procédés ordinaires.

Jusqu'ici, il n'existe qu'un seul procédé permettant de rétablir *exactement* les valeurs que perçoit notre œil.

C'est l'emploi d'un écran *jaune orangé* placé devant l'objectif, retardant de *vingt à vingt-cinq fois* la pose — et de plaques *panchromatiques*, c'est-à-dire également sensibles à tous les rayons colorés.

De cette façon seulement, on pourrait obtenir des portraits *véritablement ressemblants ;* mais, dans un atelier bien éclairé, il faudrait poser une dizaine de minutes, ce qui est possible pour les figures d'un tableau, mais non pour une figure vivante. Au soleil, il est vrai, quelques secondes suffiraient, mais les grimaces du modèle seraient inévitables. Ainsi donc, comme valeurs et comme modelés des figures, la photographie conduirait aux pires erreurs les peintres qui la copieraient exactement.

Il en est de même pour les mouvements surpris par l'obturateur instantané : La première fois que l'on vit des reproductions exactes des différentes phases du galop d'un cheval, on fut stupéfait, tant ces images différaient des reproductions habituelles de ce mouvement.

Et d'ardentes discussions se sont élevées pour juger si les peintres devaient adopter les attitudes enregistrées par la photographie instantanée, ou les repousser complètement.

La vérité est que, dans ce cas encore, « l'œil » de l'objectif ne voit pas comme l'œil de l'homme.

« L'œil » de l'objectif ne saisit qu'une phase minime du mouvement, tandis que l'œil de l'homme ne peut pas dissocier plusieurs phases de ce même mouvement ; or avant tout, pour le reproduire sur la toile d'une façon compréhensible aux yeux des spectateurs, le peintre doit créer une image dans laquelle on voie *d'où part* le mouvement, *et dans quel sens il se dirige*.

L'image d'un marcheur, surpris par l'instantané au moment où une de ses jambes, pliée au genou, passe devant l'autre, dont le pied porte sur le sol, *n'évoque aucune idée de mouvement*, parce que ces deux conditions ne sont pas remplies.

Ce marcheur produit l'effet d'un individu debout, immobile sur une jambe, comme certains oiseaux échassiers, et l'articulation de son autre jambe semble ankylosée. Le défaut primordial de la plupart de ces photographies instantanées est de *figer* une phase minime du mouvement des hommes et des animaux, sans indiquer dans quel sens se produit ce mouvement.

Seuls, les mouvements de l'eau, des vagues et des étoffes agitées par le vent, sont reproduits par la photographie d'une façon identique à celle que nous percevons, parce que *ces mouvements étant continus*, le sens en est toujours indiqué, quel que soit le moment surpris par l'obturateur.

Est-ce à dire pour cela que nous devons négliger les enseignements que la photographie instantanée nous apporte sur les mouvements des hommes et des animaux? Ce n'est pas notre avis ; nous ne devons pas les copier, cela est entendu ; mais nous pouvons y découvrir des

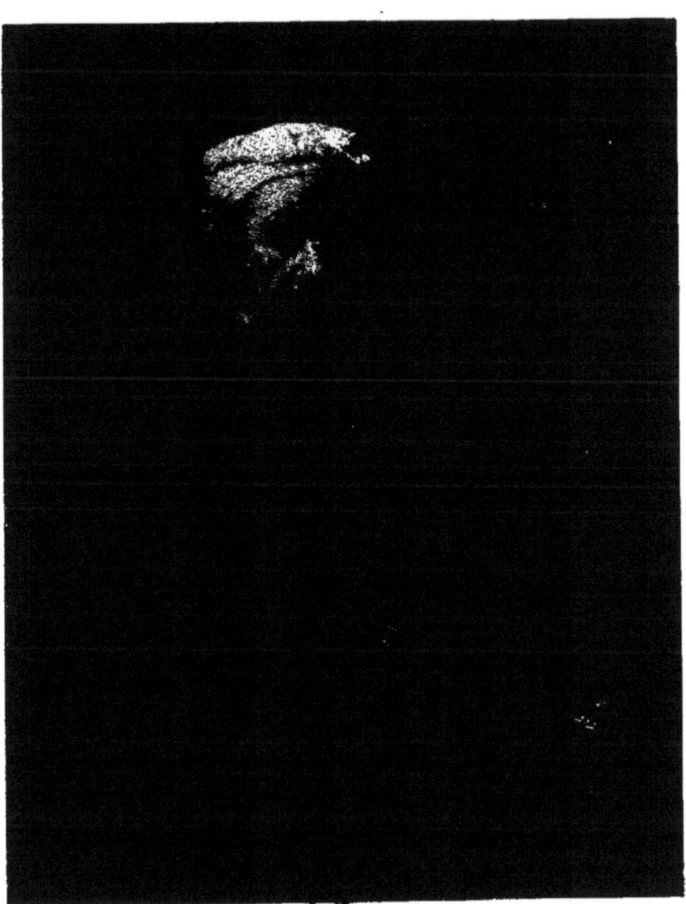

Cliché Giraudon.

REMBRANDT. — LE PEINTRE AGÉ A SON CHEVALET.
(Musée du Louvre).

Rembrandt découvrit et utilisa tous les procédés dont la peinture à l'huile est susceptible : surfaces lisses ou rugueuses, solides empâtements épousant la forme des modelés comme la terre glaise sous le pouce d'un sculpteur, demi-pâtes, glacis impalpables ou puissants, etc., et s'il peignit ainsi ce fut inconsciemment dans le feu de l'inspiration.

documents du plus haut intérêt pour varier les attitudes de nos personnages, suivant les sentiments que nous voulons leur faire exprimer.

Exemple : jadis, les peintres représentaient presque toujours le corps en marche de la même façon : le corps était un peu penché en avant, le pied de devant posait entièrement à terre, le genou était légèrement ployé ; l'autre jambe était tendue davantage ; les doigts de l'autre pied s'appuyaient sur le sol, tandis que le talon se soulevait.

Or, aujourd'hui, grâce à l'instantané, nous avons pu décomposer les différentes phases de la marche, et nous possédons un grand nombre d'attitudes nouvelles et singulièrement expressives, à condition que nous ne nous contentions jamais d'une de ces phases, comme le fait la photographie, mais que nous en combinions deux ou trois ensemble, comme le réclament l'œil et l'esprit humain.

Ainsi, l'attitude si ridicule en photographie du marcheur qui, allongeant la jambe de devant toute raide, dresse la pointe du pied en l'air, comme pour lancer un coup de pied ou défiler au pas de parade allemand, peut, lorsqu'on la combine avec l'aplomb du corps et de l'autre jambe dans le commencement de la phase suivante, servir à exprimer merveilleusement la démarche d'un grand seigneur, plein de morgue, ce qui était impossible à réaliser à ce degré, avec la représentation habituelle de la marche, chez les peintres d'autrefois.

Lorsque, au contraire, on combine cette attitude avec la

fin de la phase précédente, dans laquelle le corps est encore plus rejeté en arrière et l'autre jambe plus fortement ployée, on rend admirablement le mouvement d'un marcheur descendant une pente rapide, tandis que la représentation ancienne semblait le faire tomber sur le nez...

Après avoir, par cette digression, indiqué que la méthode expérimentale était la seule qui pouvait nous renseigner d'une façon sérieuse sur la technique et sur l'utilisation de diverses sciences dans la peinture, nous allons présenter aux lecteurs les résultats de nos expériences, poursuivies sans interruption depuis une quarantaine d'années.

CHAPITRE III

Les supports de la peinture.

Les premières peintures à l'huile furent exécutées sur des panneaux de bois recouverts d'une préparation faite avec de la craie et de la colle animale, et, parfois avec de la craie et de la caséine.

La toile, moins encombrante pour les tableaux de grandes dimensions, se substitua peu à peu aux panneaux, et, au moins dans les premiers temps, fut recouverte de la même préparation. Plus tard, surtout en France, la craie fut remplacée par une couleur plus foncée, qui était souvent du brun rouge. Enfin, les préparations à l'huile, furent employées, malgré le désagrément causé par la lenteur de leur dessication.

Aujourd'hui, les supports habituels de la peinture, c'est-à-dire les panneaux et les toiles se vendent tout préparés chez les marchands de couleurs, et peu d'artistes se donnent la peine de les préparer eux-mêmes.

Les préparations à l'huile, qui sont si dangereuses lorsqu'elles ne sont pas parfaitement sèches, demanderaient à l'artiste moderne, trop de temps, de place et de lumière ; aussi nous nous contenterons de guider son choix, dans l'achat de ce genre de toile, chez son fournisseur.

La toile employée doit être de pur fil, de chanvre ou de lin ; et comme le prix de cette toile a quintuplé, depuis la guerre, on est souvent tenté de lui substituer de la toile de coton. Or ce tissu, séduisant par sa régularité et son absence de nœuds, a le défaut de trop céder à la tenture; il prêtera toujours tellement que, lorsque la peinture sera bien sèche et ne pourra plus le suivre dans son mouvement d'extension, elle se fendillera inévitablement. Pour atténuer ce défaut, on a fabriqué des tissus mélangés de fil et de coton, qui sont encore plus néfastes ; en effet, la toile sera rigide dans le sens du fil, et extensible dans le sens du coton, et comme conséquence, produira de hideuses déformations.

Malgré leur prix, les toiles de lin et de chanvre sont les seules qui soient recommandables pour des œuvres d'art. On peut toutefois se servir sans crainte de toiles appelées demi-fines, qui sont un peu moins serrées et, par suite moins chères, tout en demeurant beaucoup plus résistantes que le canevas. Souvent même leur grain plus plat, est plus agréable à l'œil que celui des toiles fines dont le fil est tordu à l'excès.

Mais quelque solide que soit la toile employée, elle

peut être *brûlée* par l'huile de la préparation ; alors, au bout de quelque temps, elle n'offrira pas plus de résistance que de l'amadou. Il ne faut donc se servir que de toiles sur lesquelles aura été préalablement étendue une bonne couche de colle animale ou de caséine, l'isolant, et la préservant contre la brûlure de l'impression huileuse.

La meilleure préparation est la moins épaisse, à une seule couche ; mais elle n'est possible que pour les toiles à grains extrêmement fins. Pour les autres, le grain resterait trop visible et l'artiste n'arriverait jamais à le recouvrir dans toutes les parties de son tableau.

Une seconde couche est donc généralement nécessaire, mais il faut s'arrêter là ; d'autres couches, arrivant à produire une surface aussi lisse que le marbre, retiennent mal la peinture, qui risque de s'écailler et bien souvent, elles se fendillent elles-mêmes, avec des craquelures gondolées, de formes variées et bizarres.

En choisissant une toile imprimée à l'huile, l'artiste, après s'être assuré que cette toile est de pur fil, encollée et préparée à deux couches au maximum, pourra s'assurer, en en roulant un coin entre ses doigts, qu'elle a gardé toute sa souplesse et que la préparation y est bien adhérente.

La même méthode permet de contrôler la souplesse et l'adhérence de la préparation d'une toile à la détrempe, absorbante ou demi-absorbante.

Toutefois, ce genre de toile, séchant en quelques heures

peut facilement être préparé par l'artiste lui-même. La seule difficulté est dans le dosage de la colle par rapport à la couleur, qui est ordinairement de la craie réduite en poudre impalpable.

Il faut que la proportion de colle soit suffisante pour empêcher la préparation de s'émietter, lorsqu'on roule un coin de la toile entre ses doigts et pas assez forte pour que cette préparation devienne imperméable à l'huile et se recroqueville sous l'action de la chaleur.

Le meilleur procédé est de passer d'abord sur la toile bien tendue, une couche de colle pure, puis une ou deux couches de couleur moyennement encollées, que l'on râcle avec le couteau à palette pendant qu'elles sont humides, de façon à les faire adhérer à la première couche et pénétrer dans les interstices de la trame, sans dépasser les grains des fils.

Cette toile, ainsi préparée, sera légèrement absorbante et retiendra parfaitement les couleurs, tout en les empêchant de brûler le tissu par leur huile.

Ces procédés sont applicables à la préparation des panneaux ou des cartons. Mais lorsque la colle est employée, il est indispensable d'en passer une couche égale à l'envers du panneau ou du carton, pour contrebalancer l'effet rétractile de cette colle. Une mince couche de colle est capable, en effet, sous l'influence de la sécheresse, de tordre les panneaux les plus épais.

Le bois et surtout le carton sont employés parfois, sans

aucune préparation, et cela serait préférable, s'ils étaient sans défauts. Mais la moindre trace de résine dans le bois serait désastreuse pour la peinture qu'elle finirait par traverser. Quant aux cartons, ils sont souvent remplis d'impuretés de l'espèce la plus dangereuse. Nous avons vu de ces impuretés qui traversèrent, comme des taches de rouille, toute la couche de peinture et toutes les retouches qui furent superposées, pour les faire disparaître. Il faut donc que les cartons soient choisis avec le plus grand soin, d'une pâte parfaitement homogène et sans la moindre trace d'impureté.

Enfin que l'on emploie la toile, le bois ou le carton, la préparation à l'huile ou à la colle, on devra se méfier d'un dessous trop sombre qui « repoussera » toujours à travers la couche de couleurs ; c'est à lui que les tableaux de Poussin doivent, en grande partie, leur regrettable assombrissement.

CHAPITRE IV

Expérimentation des couleurs.

Cet ouvrage n'étant pas un livre de science ni un livre de recettes pour les fabricants, mais un livre d'expérimentation, nous ne donnerons aucun détail sur les procédés de fabrication des couleurs, ni sur la préparation des huiles et des vernis. Nous nous contenterons d'indiquer les résultats de nos expériences sur ces produits, fournis par les marchands de couleurs.

Les chimistes, nous l'avons dit, peuvent nous donner des indications intéressantes au sujet des réactions qui doivent en général se produire sur certaines matières et dans certains mélanges. Mais leurs indications ne sont pas des certitudes ; car il est des milliers de petites causes dont ils ne peuvent prévoir les effets.

Exemple : l'interposition de l'huile entre les particules

des différentes couleurs empêchent certaines réactions prédites par la chimie, d'avoir lieu ; tandis que cette même interposition de l'huile précipite d'autres réactions qui n'avaient pas été prévues.

Ainsi, d'après les chimistes, le blanc d'argent devrait fatalement noircir, dans son mélange avec le cadmium, qui contient des sulfures. Or, quand le cadmium est bien préparé, ce mélange est inaltérable.

Dans le mélange de la garance avec le blanc d'argent, la chimie ne prévoit aucune réaction, or la garance est rapidement mangée par le blanc d'argent, tandis qu'elle n'est aucunement altérée par le blanc de zinc et le blanc de titane.

Le blanc d'argent, d'une grande solidité dans la peinture à l'huile, devient complètement noir, dans la plupart des peintures à la détrempe.

Et, dans toutes nos expériences, les phénomènes qui s'écartent des prévisions de la chimie se sont toujours réalisés, d'une façon identique.

Laissons donc au chimiste le soin de créer de nouvelles couleurs ; depuis le XIXe siècle, il a enrichi notre palette de tons admirables et d'une solidité à toute épreuve : vert émeraude, cadmiums jaunes et rouges, bleus et violets de cobalt, blanc de titane, etc... Si bien qu'aujourd'hui, contrairement à l'opinion la plus répandue, nous disposons de couleurs beaucoup plus belles et beaucoup plus solides que celles des anciens.

Mais, pour séparer le bon du mauvais, car, à côté des précieuses découvertes dont nous venons de parler, la science nous a également apporté les couleurs d'aniline, fléaux de la teinture, tout autant que de la peinture, expérimentons les produits qui nous sont offerts.

Pour la préparation des supports qui fait l'objet du chapitre précédent, et qui n'a pas évolué depuis le XIXe siècle, nous n'avons eu qu'à étudier l'état actuel de ces préparations dans les tableaux anciens.

La même étude serait suffisante pour les couleurs que nous savons avoir été employées par les Maîtres d'autrefois.

Quant aux couleurs récemment découvertes, elles peuvent être expérimentées par un procédé fort simple, et à la portée de tous. Les rayons chimiques de la lumière solaire, qui noircissent ou pâlissent les couleurs, sont au moins cent fois plus actifs que ceux qui arrivent aux tableaux dans l'éclairage ordinaire d'un appartement ou d'un Musée.

S'il faut deux minutes pour noircir complètement un papier photographique aux sels d'argent, exposé directement au soleil, il faudra environ deux cents minutes pour noircir au même degré ce papier placé sur un mur, à trois mètres d'une fenêtre bien éclairée, c'est-à-dire dans l'éclairage normal d'un tableau.

Le phénomène étant exactement le même pour les couleurs, on peut conclure que celles qui ont résisté une année à la lumière solaire sans être altérées, sont inaltérables, et que les altérations remarquées sur les autres se produiront, dans les mêmes proportions, au bout d'un siècle, dans les conditions ordinaires d'éclairage des tableaux.

On étale donc, sur une toile blanche, les unes au dessous des autres, les couleurs que l'on veut expérimenter, pures en épaisseur et en glacis, puis dans leurs mélanges avec le blanc d'argent et avec quelques autres couleurs. On coupe en deux cette toile d'expérience ; on expose une moitié dehors, en plein soleil, *en la protégeant par un verre*, et on conserve l'autre, dans le *demi-jour* d'une pièce peu éclairée. (Dans l'obscurité l'huile des couleurs jaunirait ; et dans le jour trop vif de l'atelier, les réactions de la lumière commenceraient à se faire sentir).

Au bout de six mois on comparera les deux échantillons et, surtout si l'expérience a lieu en été, sur un mur exposé en plein midi, on sera parfaitement fixé sur les couleurs que l'on pourra employer sans inquiétude et sur celles qu'il faudra bannir de la palette.

Pour que ce jugement soit équitable, il est naturellement indispensable d'expérimenter des couleurs exemptes de toute falsification — et à notre époque, il est si peu de produits qui ne soient fréquemment falsifiés !

L'analyse chimique nous renseignerait, évidemment, mais peu d'artistes y auraient recours.

L'honorabilité du marchand de couleurs est une garantie, mais lui-même ne fabriquant pas toutes ses poudres de couleurs, peut être trompé dans ses achats.

Nous allons donc indiquer un moyen de contrôle extrêmement simple, qui dévoile sûrement une des fraudes les plus fréquentes. Ecartons d'abord les couleurs telles que le blanc d'argent, les ocres et les terres qui sont rarement falsifiés, la falsification étant réservée surtout aux couleurs chères et brillantes.

Les cadmiums, même sans être falsifiés, peuvent être insuffisamment purifiés, et contenant un excès de sulfure, faire noircir leur mélange avec le blanc d'argent. L'expérimentation de ce mélange par l'exposition au soleil permettra de distinguer les bons cadmiums des mauvais.

Quant aux autres couleurs brillantes, rouges, vertes, bleues ou violettes, dont les prix sont très élevés, elles sont fréquemment falsifiées et, presque toujours, avec les couleurs éclatantes et pas chères que l'on extrait de l'aniline.

Heureusement cette fraude est très facile à déceler. Les couleurs dont on se sert dans la peinture sont des *poudres colorées*, broyées avec de l'huile. Les couleurs à l'aniline sont *des teintures*. De cette différence de nature il résulte que l'huile qui ressort de couleurs telles que le vert émeraude ou le violet de cobalt, par exemple, ne conserve aucune trace de ces couleurs, tandis que celle qui ressort d'une couleur à l'aniline est violemment *teintée* par cette couleur. Si nous plaçons une couche assez épaisse de la couleur à expérimenter sur une feuille de papier blanc, l'huile traversera peu à peu le papier, et se répandra en auréole tout autour de la couleur, et alors, dès le lendemain, nous serons fixés.

Si la couleur est pure, l'huile rendra le papier transparent, et un peu jaunâtre, mais elle ne contiendra pas la moindre trace de la couleur qu'elle a quittée.

Si au contraire la couleur est falsifiée au moyen d'aniline, l'huile et le papier seront violemment teintés par cette couleur d'aniline.

Nous avons ainsi expérimenté, un échantillon de *violet de cobalt foncé*, couleur dont le prix est devenu presque prohibitif, et qui par ce fait se trouve naturellement désignée pour la fraude. Et nous avons constaté que cet échantillon, d'un ton très brillant, avait perdu ce brillant, tandis que son huile avait teint tout le papier en un beau rose de carthame, une des plus mauvaises couleurs d'aniline.

La même expérience, renouvelée avec un violet de cobalt foncé chimiquement pur, nous prouva que cette couleur ne perdait rien de son éclat et ne teintait ni l'huile ni le papier.

Voici d'ailleurs le résultat de nos expériences sans cesse renouvelées, depuis une quarantaine d'années :

COULEURS D'UNE SOLIDITÉ PARFAITE

Violet de cobalt foncé	Phosphate de cobalt.
Violet de cobalt clair.	Arséniate de cobalt.
Rouges de cadmium	Selenio-sulfure de cadmium.
Orange et jaune de cadmium	Sulfure de cadmium,
Vert de cobalt	Oxyde de zinc et cobalt.
Vert émeraude	Oxyde de chrome hydraté.
Bleu caéruleum.	Stannate de cobalt.

Bleus de cobalt	Aluminate de cobalt.
Bleu d'outremer	Sulfure de sodium et silicate d'alumine.
Violet de Mars	Oxyde de fer, cobalt, alumine.
Rouge de Mars	
Et toutes les couleurs de Mars	Oxyde de fer.
Rouge de Venise	
Terre de sienne naturelle	
Terre de sienne brûlée	
Terre d'ombre brûlée	
Ocre jaune	
Ocre brune	
Ocre d'or	
Ocre de Ru	
Brun transparent	Oxyde de fer alumine.
Noir d'ivoire	Ivoire calciné.
Blanc d'argent	Carbonate de plomb.
Blanc de titane	Oxyde de titane.

COULEURS D'UNE SOLIDITÉ MOYENNE

Violet minéral	Phosphate de manganèse.
Cadmium citron	Sulfure de cadmium.
Jaune de strontiane	Chromate de strontiane.
Jaune de Naples	Antimoniate de plomb.
Laques de garance	Garance alumine.
Couleurs d'alizarine	Alizarine alumine.
Chrome rouge et orange	Chromate de plomb.

COULEURS S'ALTÉRANT RAPIDEMENT A LA LUMIÈRE

Garance pâle et rose dorée	Garance alumine.
Rouge de Saturne	Oxyde de plomb.
Vermillon	Sulfure de Mercure.
Vert véronèse	Arséniate de plomb.
Bleu turquoise	Arséniate de cuivre alumine.
Bleu de Prusse	Cyanure de fer.

COULEURS S'ALTÉRANT TRÈS RAPIDEMENT A LA LUMIÈRE

Toutes les couleurs à l'aniline.

COULEURS FIXES A LA LUMIÈRE, MAIS DANGEREUSES DANS LA PEINTURE A L'HUILE, A CAUSE DE LEUR MAUVAISE FAÇON DE SÉCHER

Blanc de zinc	Oxyde de zinc.
Terre verte	Terre verte naturelle.

COULEUR NE SÉCHANT JAMAIS A FOND

Bitume	Bitume de Judée.

OBSERVATIONS

Les couleurs dont nous disposons aujourd'hui sont tellement nombreuses qu'il nous est impossible de les étudier toutes et même de les énumérer. Dans les listes qui précèdent, nous avons choisi celles qui sont les plus employées, et elles suffisent amplement à tous les besoins.

Parmi les couleurs brillantes, nos ancêtres n'en possédaient qu'une seule, le lapis lazuli, qui fût solide. Elle a été remplacée par le bleu d'outremer qui est une sorte de lapis lazuli artificiel, et qui conserve toutes les qualités du lazuli naturel.

La liste que nous publions prouve que nous possédons aujourd'hui le moyen de rendre toutes les nuances de l'arc-en-ciel avec des couleurs brillantes et solides, sauf une, la garance.

Blancs. — Les anciens n'utilisaient dans la peinture à l'huile, que les blancs de plomb dont le blanc d'argent (carbonate de plomb) est le spécimen le plus perfectionné. Ce blanc, très couvrant, très siccatif, constitue pour ainsi dire une des bases qui assurent la solidité des pâtes de la peinture à l'huile. Il est inaltérable à la lumière, mais il noircit sous l'influence des émanations sulfureuses.

L'huile, les vernis et la cire le protègent efficacement contre les émanations de ce genre qui se rencontrent parfois dans l'atmosphère, mais non contre les émanations sulfureuses concentrées d'un laboratoire de chimie ou d'une salle de bains sulfureux.

Dans tous les tableaux anciens que l'on dévernit, on retrouve ce blanc absolument intact, dans tout son éclat et dans toute sa pureté et cela suffit pour nous rassurer pleinement à son égard.

Son seul défaut, dans la peinture à l'huile, est de « manger » les laques de garance ou d'alizarine auxquelles on le mélange. Il existe des exemples caractéristiques de cet effet, dans deux tableaux de Raphaël : « La Vierge au voile » et « La Vierge de François Ier ». Dans ces toiles, la robe de dessous de la Vierge devait être entièrement rouge, suivant la tradition ; mais, comme elle avait été peinte avec des laques qui dans les lumières étaient mélangées avec du blanc de plomb, il ne subsiste plus la moindre trace de rouge dans ces lumières, lesquelles paraissent jaunâtres, sous le voile du vernis, tandis que les ombres, ne contenant pas de blanc rongeur, ont conservé toute l'intensité de leurs rouges laqués.

Si, chez les Primitifs flamands on rencontre des robes de la Vierge peintes avec des laques et conservant tout leur éclat, c'est que ces laques étaient passées en glacis, sans aucun mélange de blanc.

D'ailleurs presque toutes ont été *reglacées* entièrement de nos jours, ainsi que le prouve leur ton « sirop de groseille », très différent du ton chaud et légèrement bruni des laques anciennes.

TABLEAU DES DIFFÉRENTS GENRES DE CRAQUELURES

1. — Craquelures de la préparation des panneaux des primitifs. — La craquelure est très fine, comme celle de la faïence ; elle suit les fibres du bois.

2. — Craquelures de la préparation d'une toile, à l'huile, avec trop de couches de couleur et trop lisse. — Elles sont fines, mais étranges de formes, parfois striées, parfois en toile d'araignée. Comme elles forment des cuvettes, elles accrochent des reflets qui sont très désagréables.

3. — Craquelures du vernis. — Elles sont assez régulières de formes polygonales. — Très fines et à peine perceptibles sur les couleurs très sèches et très dures, elles s'écartent davantage sur les autres.

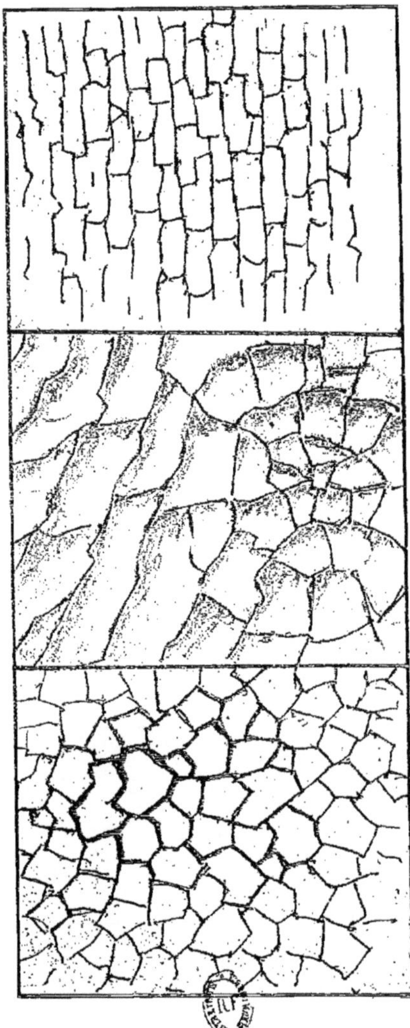

C'est pour la même raison que les roses des joues et des lèvres de la Joconde, célébrés par Vasari, se sont évanouies. Ils étaient obtenus par ce mélange brillant et fragile de laque et de blanc, tandis que les mains, colorées avec une ocre rouge moins brillante, mais inaltérable, ont conservé la carnation qui leur avait été donnée par Léonard de Vinci.

Dans la fresque et dans la détrempe, le blanc d'argent est exposé aux moindres attaques des sulfures et peut devenir noir en un instant. Il doit donc en être banni.

Jadis, on le remplaçait dans la détrempe, par le blanc de craie, qui ne présente pas les mêmes inconvénients, mais qui est très loin d'en avoir l'éclat lumineux, et qui ne peut pas être utilisé dans la peinture à l'huile.

Depuis, on a découvert le blanc de zinc, qui lui aussi, résiste à l'action des sulfures, et qui rend de grands services dans la peinture à la gouache ou à la détrempe. Mais son emploi dans la peinture à l'huile n'est pas à conseiller, car il couvre peu et il sèche si lentement qu'il peut provoquer de graves désordres dans toute la couche de la peinture, surtout sous l'action rétractile des vernis.

Tout récemment, on a découvert le blanc de Titane qui, s'il ne peut pas remplacer complètement le blanc d'argent, est très supérieur au blanc de zinc par son pouvoir couvrant et par la rapidité de sa dessication. Sur ces deux points, il reste un peu inférieur au blanc d'argent, mais sans aucun danger pour la peinture. Il a l'avantage de ne pas « manger » les laques de garance ou d'alizarine ;

il semble même les protéger. De plus, avec toutes les couleurs, il donne des tons plus frais que ceux de ces mêmes couleurs mélangées au blanc d'argent, et cette particularité peut être parfois utilisée. En tous cas, il est indispensable pour tout artiste qui aura à peindre des fleurs ou des étoffes, avec des laques de garance ou des couleurs d'alizarine.

Rouges de garance. — Nous venons de noter les altérations des garances au contact du blanc d'argent. Comment se comportent-elles, lorsqu'elles se trouvent isolées ou passées en glacis ?

Le ton de la garance est, nous l'avons dit, le seul ton brillant de l'arc-en-ciel que nous ne puissions rendre aujourd'hui avec une couleur absolument solide. La garance ne noircit pas à la lumière, comme le vermillon, mais elle passe plus ou moins rapidement. Les garances pâles ou rose doré, sont un « déjeuner de soleil ». Les garances plus foncées, étalées en glacis très mince, sont à peine plus résistantes. Plus le glacis s'épaissit, et plus longue est sa durée, et une couche assez épaisse de garance semble à peu près inaltérable ; à peine prend-elle un ton un peu plus chaud ou plus froid, suivant sa nature première. C'est ainsi que des tableaux d'échantillons de cette couleur, posés sur un verre, comme sur une palette, conservent *en apparence*, tout leur éclat, pendant des années, exposés à la devanture d'une boutique.

Que se produit-il ? Les parties les plus minces de cette couleur perdent toute leur coloration rouge, et leur huile, blanchie par la lumière, se confondant avec le verre, on ne s'aperçoit pas de leur disparition.

Quant aux parties épaisses, elles perdent également leur coloration à *la surface ;* mais grâce à la transparence parfaite de l'alumine sur laquelle est fixée cette couleur, la deuxième couche, puis la troisième apparaissent avec la même intensité qu'à travers une glace. Et il faudrait un nombre considérable d'années pour que la lumière « mangeât » la dernière couche de cette garance posée en épaisseur.

En réalité, ces tableaux constituent un « trompe l'œil », car l'emploi de garance, en pareille épaisseur, est rare dans la peinture.

La solidité des couleurs d'alizarine est équivalente à celle des garances.

Vermillon. — Ce n'est que quelques années avant la guerre que la chimie a enfin trouvé le moyen de remplacer le vermillon, très mauvaise couleur, par une couleur très supérieure, comme éclat et comme finesse dans les mélanges, et d'une solidité à toute épreuve. C'est le rouge de cadmium, qui se fabrique en plusieurs nuances, allant du rouge orange au rouge pourpre. Et les artistes ne sauraient être trop reconnaissants aux chimistes qui leur ont fait un pareil cadeau. Le vermillon en effet, quelle que soit son origine, et quel que soit le soin avec lequel il a été préparé, est condamné à noircir d'une façon effroyable.

Nous avons expérimenté les vermillons de toutes les nuances, de tous les pays, de toutes les marques, et le résultat fut toujours le même ; la seule différence est que les uns résistaient à peine huit jours au soleil d'Afrique tandis que les autres, qualifiés de « permanents » mettaient une vingtaine de jours pour arriver au même degré d'obscurcissement.

Une pareille rapidité de décomposition suffit pour qu'une jeune femme, dont le portrait aura été exécuté lorsqu'elle avait vingt ans, s'aperçoive, lorsqu'elle aura atteint la trentaine, que les roses des joues et des lèvres de son portrait ont pris la couleur du « jambon fumé ». C'est en effet la couleur vers laquelle vire le mélange du blanc et du vermillon dit « vermillon français » le plus brillant mais le moins solide des vermillons.

On nous objectera sans doute que dans bien des tableaux anciens, et notamment, dans les Rubens, les vermillons ont conservé un magnifique éclat.

Nous répondrons que ces vermillons, qui étaient évidemment choisis parmi les meilleurs, et analogues à nos vermillons permanents, auraient perdu toute leur fraîcheur si nous les voyions tels qu'ils furent posés sur la toile par la main du Maître anversois ; mais tous ses tableaux du Louvre ont été dévernis et repeints presque entièrement, vers la fin du XVIIIe siècle, et depuis ils ont été soumis encore à bien des restaurations.

La couche supérieure du vermillon est la seule qui noircisse ; les autres étant préservées par elle de la lumière gardent toute leur intensité.

Comme le vermillon n'a que peu d'affinité avec l'huile, cette couche supérieure devient pulvérulente et, lorsqu'on dévernit le tableau, elle s'enlève inévitablement avec la résine du vernis à laquelle elle est plus adhérente qu'à la couche de couleurs.

C'est pour cette raison qu'en dévernissant un tableau, on croit retrouver dans son éclat le vermillon d'une draperie, et ce qui prouve l'exactitude de notre dire, c'est que toutes les ombres légères de cette draperie, c'est-à-dire celles dans lesquelles domine le vermillon, sont enlevées avec lui. C'est ce que l'on remarque dans nombre de tableaux où le restaurateur n'a pas eu l'idée de réparer le mal en rétablissant ces demi-teintes par un glacis.

Quand le vermillon est mélangé à une couleur résistante, comme le blanc d'argent, il ne s'enlève pas, avec le dévernissage, et l'on peut constater tout son obscurcissement. Et comme c'est généralement sur les joues et sur les lèvres des fraîches figures qu'il est ainsi employé, il ne reste plus qu'un moyen de lui rendre son éclat, c'est de le remplacer par du vermillon moderne. C'est par ce genre de retouche que commencent les restaurateurs de portraits anciens.

Inutile d'ajouter que sur les vermillons dont la couche noircie a été enlevée et sur ceux qui ont été rajoutés de nos jours, l'action de la lumière continue implacablement son œuvre d'obscurcissement.

Van Dyck, l'élève de Rubens s'était déjà aperçu des défauts de cette couleur de prédilection de son Maître. « Comme il s'était occupé un peu de chimie, la connais-« sance des éléments du cinabre (ou vermillon), lui fit « présumer que cette couleur ne pouvait pas avoir de « solidité. Il s'en servait peu, et il est probable qu'il « recommandait à ses élèves de n'en employer que le « moins possible, les assurant que l'on peut trouver dans « les dégradations du brun rouge les teintes brillantes des « plus belles carnations. Pierre Tyssens, un des plus « habile peintres de son école, ne se servit jamais de « cinabre... » (Mérimée. *De la peinture à* l'huile, p. 22-23).

Rouge de Saturne. — Le Rouge de Saturne est relativement solide lorsqu'il n'est pas mélangé à aucune autre couleur. Mais il disparaît immédiatement, au contact du blanc d'argent, il n'offre d'ailleurs aucun avantage, depuis la découverte du cadmium rouge orangé, plus brillant que lui et de toute solidité.

Vert véronèse. — Le vert véronèse pur résiste assez bien à l'action de la lumière, mais il devient noir sous la moindre influence sulfureuse de certaines couleurs. Sa couleur est si belle qu'on ne peut parfois résister au désir de l'utiliser, mais, dans ce cas, il ne faut la poser que pure de tout mélange, et sur un fond et avec des pinceaux ne contenant pas la moindre parcelle de cadmium, de vermillon ou d'outremer, dont les sulfures le noirciraient en moins d'un mois.

Bitume. — Le bitume ne séchant jamais à fond, puisque la chaleur le liquéfie et que le froid le rétracte, est la cause des plus grands désastres subis par la peinture du XIXe siècle. Prudhon fut une de ses principales victimes, c'est à cette exécrable couleur que sont imputables les énormes fissures qui balafrent les toiles de cet artiste.

Les bruns de fer, transparents, solides, siccatifs, doivent le remplacer à jamais sur la palette.

Couleurs d'aniline. — Nous avons déjà dit tout le mal que nous pensions des couleurs d'aniline qu'il ne faut pas confondre avec les couleurs d'alizarine, relativement solides ; ou elles s'évaporent totalement, ou bien elles virent à un ton plombé de l'effet le plus disgracieux.

Pour être juste, notons un service qu'elles peuvent rendre, grâce à leur éclat et à leur transparence incomparables. Sans elles, la plupart des effets de la trichromie seraient irréalisables ; et quand les illustrations obtenues par ce moyen se trouvent enfermées dans des livres, c'est-à-dire ne sont que rarement et brièvement exposées à la lumière, leurs couleurs d'aniline conservent leur éclat bien plus longtemps que ne le feraient d'autres couleurs, plus stables à la lumière, mais plus sensibles aux émanations sulfureuses, telles que le jaune de chrome ou le vert véronèse.

Par contre il se produit dans les estampes en trichromie exposées au grand jour, des changements ridicules : le rouge d'aniline étant de beaucoup la plus fragile des trois couleurs, s'évapore rapidement, et l'estampe ne contient plus que du jaune et du bleu.

OBSCURCISSEMENT DES COULEURS PAR LES REPEINTS

Une couleur quelque solide qu'elle soit, peut *sembler* s'altérer, si la technique de l'artiste est défectueuse. Nous avons ainsi entendu un de nos confrères se plaindre des changements de la terre de sienne brûlée, qui est une couleur inaltérable. Ces changements étaient dus, non à la couleur, mais à un phénomène provoqué par l'empâtement excessif de cette couleur, ainsi que peut le démontrer une expérience facile à faire.

Mettez sur une palette du blanc d'argent, du bleu de cobalt et du bleu d'outremer, tels qu'ils sortent du tube, en forte épaisseur. Placez ensuite la palette dans l'obscurité. Au bout de six mois, ces couleurs ne seront plus reconnaissables : le blanc d'argent aura pris le ton de l'ocre jaune ; le bleu de cobalt, celui de la terre verte ; le bleu d'outremer celui du noir d'ivoire.

Que s'est-il passé ? L'huile, pour arriver au contact de

l'air dont l'oxygène seul peut la faire sécher, est remontée du fond de ces empâtements à la surface, elle a recouvert la couleur d'une peau épaisse qui, dans l'obscurité a bruni très fortement, et c'est à cette superposition d'une peau brunâtre qu'est due, uniquement, l'altération que nous croyons remarquer dans les couleurs.

Nous n'avons qu'à enlever cette peau au moyen d'un rasoir, pour retrouver le blanc d'argent, le bleu de cobalt et le bleu d'outremer dans un état de pureté absolue.

Un phénomène d'obscurcissement moins fort, mais pourtant très sensible se produit aussi, dans ce qu'on appelle des « repeints ». Toute couleur suffisamment saturée d'un agglutinant pour ne pas changer quand on la vernit, fonce toujours en séchant. Si donc on superpose une touche de même ton et de même valeur à une couleur ayant déjà accompli son travail d'obscurcissement en séchant, il est inévitable que la retouche devienne plus sombre, lorsqu'elle aura accompli le même travail.

Beaucoup d'artistes, devant des obscurcissements de ce genre, s'en prennent aux couleurs ou à leurs fournisseurs, alors qu'eux seuls sont responsables.

Si dans un atelier éclairé normalement, un peintre s'aperçoit de l'obscurcissement de certaines parties de son tableau en moins de quinze jours, il ne doit s'en prendre qu'à lui-même, car il n'existe pas de couleurs ou de mélanges de couleurs assez mauvais pour être altérés, dans cet éclairage, en aussi peu de temps.

CHAPITRE V

Huiles. — Siccatifs. — Essences et vernis.

1°. — HUILES

Les huiles le plus généralement employées sont l'huile d'œillette et l'huile de lin. Elles ne doivent pas être clarifiées par des procédés chimiques. L'air, la lumière et le repos prolongé sont les seuls moyens de clarification admissibles.

L'huile d'œillette est la plus employée pour le broyage des couleurs. Elle est indispensable pour le blanc, les bleus et les violets éclatants, étant moins jaune que l'huile de lin.

Mais les autres couleurs, surtout celles qui sont longues à sécher, devraient être broyées avec de l'huile de lin, beaucoup plus siccative, plus solide et plus transparente.

Avec certaines couleurs broyées depuis trop longtemps, les laques, principalement, l'huile forme un mélange graisseux qu'on a de la peine à délayer. Les couleurs arrivées à cet état doivent être jetées, car elles ne sèchent plus jamais, font craquer et noircir la peinture.

2°. — SICCATIFS

Les couleurs à l'huile séchant lentement et inégalement, on a inventé des siccatifs qui corrigent ce défaut. De ces siccatifs, le seul qui possède des propriétés réellement siccatives est connu sous le nom de siccatif de Courtrai.

Les siccatifs flamands et de Harlem ne sont pas à proprement parler des siccatifs, mais plutôt d'excellents vernis mixtes, durcissant la peinture par la résine qu'ils contiennent, mais n'augmentant que peu sa siccativité, surtout si le temps est froid et humide.

Du siccatif de Courtrai, qui n'exclut pas l'emploi des vernis gras dans la peinture, on a dit le plus grand mal. Les couleurs sombres plus lentes à sécher, les seules pour lesquelles il soit utile, étant celles qui se sont le plus fendillées, on l'a rendu responsable de ces fissures.

Notre avis est tout à fait contraire à cette opinion. Les formes régulières de ces craquelures nous apprennent qu'elles sont presque toujours le fait du vernis, les formes sinueuses des craquelures de l'huile ayant un aspect tout différent, et l'explication est bien simple.

Les clairs durcissant plus vite ont résisté à l'action rétractile du vernis superposé, tandis que les parties sombres, encore trop tendres, ont été facilement entraînées par lui et ont éclaté.

Notre conclusion est donc, au contraire, que si ces couleurs sombres avaient contenu un peu de siccatif, elles auraient durci et n'auraient pas craqué.

On reproche au Courtrai « d'être trop noir, d'altérer certains tons et d'enlever à l'huile un peu de sa souplesse ». Ces critiques sont justifiées ; aussi, tout en le défendant et en estimant qu'il rend de grands services, nous conseillons de l'employer avec prudence. Quelques gouttes à peine, mêlées à certaines couleurs sur la palette, sont suffisantes, et, d'ailleurs, une plus grande quantité n'augmenterait pas la siccativité.

Lorsqu'on préfère le mêler à l'huile dont on se sert pour délayer les couleurs, le meilleur résultat est obtenu en faisant le mélange longtemps d'avance et en l'exposant à l'air et à la lumière. Il devient ainsi de plus en plus clair et siccatif, et, tous les résidus tombant au fond de la bouteille, on n'a qu'à le décanter, sans avoir besoin de le filtrer.

On vend sous le nom d'huile grasse, une huile cuite avec de la litharge et du manganèse. Elle est très siccative, mais très brune et très épaisse. On devra donc l'allonger, avec de l'essence de térébenthine.

3°. — ESSENCES

Les essences de térébenthine et de pétrole, jouant dans la peinture à l'huile le rôle de l'eau dans la peinture à la détrempe, doivent être parfaitement rectifiées et ne laisser aucun dépôt.

L'essence de térébenthine se résinifie en vieillissant; sa résine sèche mal, noircit et peut provoquer des fissures. Il est donc important de n'employer que de l'essence parfaitement pure, ce dont il est facile de s'assurer en en versant une goutte sur du papier blanc. Si elle est pure, elle s'évapore sans laisser de trace, dans le cas contraire, la résine produit sur le papier une tâche graisseuse et transparente, qui ne disparaît plus. Même pure, l'essence de térébenthine agit sur l'huile des couleurs ; elle semble la blanchir légèrement. Par suite, les couleurs claires prennent plus de fraîcheur et les sombres perdent de leur transparence. Suivant les désirs de l'artiste, cette action de l'essence a ses avantages et ses désavantages.

L'essence de pétrole n'a aucune action sur les couleurs, et elle ne graisse pas en vieillissant, lorsqu'elle est bien rectifiée. L'essence d'automobile, que l'on trouve partout, peut être employée, ce qui est fort pratique. Le seul défaut de l'essence de pétrole est de précipiter presque toutes les résines des vernis. On ne peut donc pas l'employer dans la peinture en même temps que des vernis, exception faite pour ceux de Vibert, dont la résine est soluble dans cette essence.

4°. — VERNIS :

Les vernis sont des dissolutions de résines dans une huile ou dans une essence. Ceux que l'on emploie dans la peinture à l'huile, peuvent se diviser en trois catégories :

1° Les vernis gras, composés de résines dures (ambre ou copal), dissoutes dans une huile siccative = vernis à l'ambre de Blocks, copal à l'huile, etc...

2° Les vernis à l'essence, composés de résines tendres, dissoutes dans l'essence de térébenthine et, exceptionnellement, dans l'essence de pétrole = vernis au mastic, vernis au dammar, vernis Vibert, etc...

3° Les vernis mixtes, composés de résines dures, d'huile et d'essence : siccatif de Harlem, siccatif flamand, médium ambor, vernis Zandjabari, etc...

Nous pouvons ranger dans cette catégorie un vernis décrit par Mérimée, et dont le type le plus connu est le médium de Roberson. Il est composé d'huile cuite avec de la litharge et de vernis mastic à l'essence ; il a l'apparence d'une gelée qui se maintient sur la palette comme les couleurs, sans couler.

Les vernis les plus solides sont les vernis gras, mais ils sont les plus foncés, les plus épais ; aussi les vernis mixtes leur sont généralement préférés.

Les vernis à l'essence sont plus séduisants, au premier abord, à cause de leur limpidité, de leur blancheur et de leur siccativité.

Mais ils sont tous très rapidement décomposés par l'air qui leur enlève leur brillant et leur transparence, par la lumière qui les noircit et par l'humidité qui les couvre de chancis.

Il faut bien se pénétrer de cet axiome : *Toutes les résines sans exception prennent la couleur du goudron* (*qui lui-même est une résine*), *sous l'action de la lumière.* La seule différence qui existe entre elles est dans leur plus ou moins de dureté et dans la plus ou moins longue durée de leur brillant et de leur transparence. Lorsqu'elles sont mélangées aux couleurs à l'huile, elles peuvent toutes rendre à peu près les mêmes services, car l'huile des couleurs donne de l'élasticité et de la résistance aux plus friables d'entre elles, mais lorsqu'elles doivent servir de vernis final, il faut les choisir avec le plus grand soin, car elles pourraient causer la mort du tableau qu'elles devraient protéger.

Etant donné que toutes les résines noirciront inévitablement au même degré qu'une couche de goudron, le *seul remède est dans la minceur de la couche du vernis*, et, ainsi que nous l'expliquerons au chapitre du vernissage, le seul vernis qui résiste lorsqu'il est étendu en couche aussi mince, est le vernis mixte (ambre ou copal, huile, et une très forte proportion d'essence de térébenthine).

Il a aussi l'avantage d'être presque inattaquable par les désastreux chancis qui envahissent tous les vernis à l'essence sous l'action de la moindre humidité. Il donne enfin les meilleurs résultats comme « vernis à retoucher », pour enlever les embus, pendant le travail. La dose d'huile qu'il contient lui donne une souplesse qui le rend moins dangereux pour les couleurs encore molles auxquelles on le superpose.

Mais quel que soit le vernis que l'on utilise, pour retoucher, nous ne saurions trop recommander de le couper d'au moins trois quarts d'essence, afin de le rendre aussi léger que possible.

Il est un moyen préférable, pour enlever l'embu et faciliter le travail, lorsqu'on peint à l'huile, sans adjonction de vernis, c'est l'emploi d'un mélange de 1/5 d'huile d'œillette éclaircie au soleil et de 4/5 d'essence.

Il est une recette étrange qui eut un certain succès et dont les résultats sont déplorables. C'est un mélange d'huile, d'alcool et d'eau, en émulsion, dont on se sert comme vernis à retoucher ou comme vernis provisoire. Lorsqu'elle est sèche, cette émulsion offre l'aspect d'une peau brunâtre, percée de mille pores, qui contenaient l'eau ou l'alcool évaporés.

L'emploi d'albumine comme vernis à retoucher n'est pas moins condamnable. Très rétractile, elle fait craqueler les couleurs sur lesquelles on l'étend, et elle commet d'autres méfaits que nous étudierons plus loin.

TABLEAU DES DIFFÉRENTS GENRES DE CRAQUELURES (*suite*)

4. — Craquelures dues a l'action combinée de l'huile et du vernis. — Elles sont plus larges que celles du vernis, plus régulières que celles de l'huile. Souvent, l'îlot de couleurs se plisse légèrement, surtout dans les couleurs tendres.

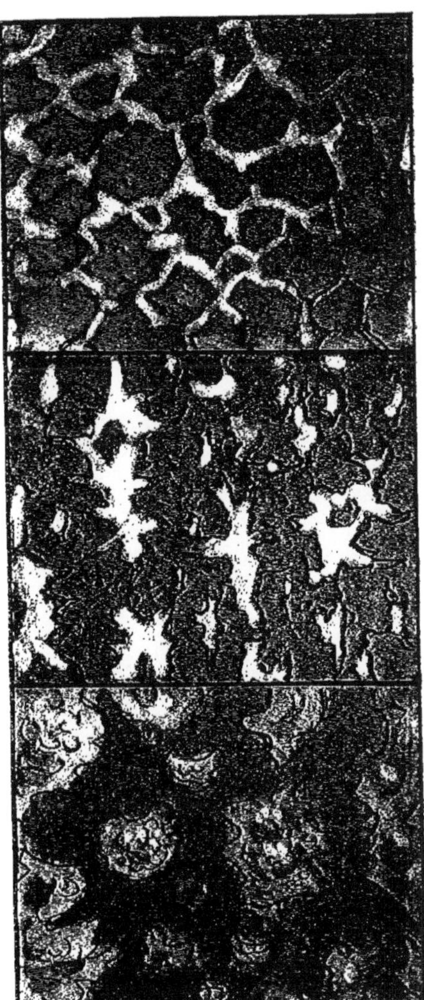

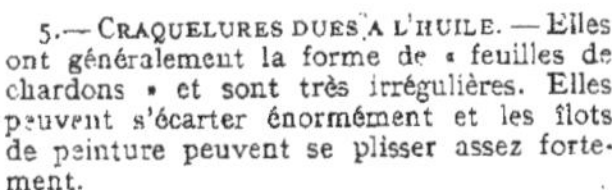

5. — Craquelures dues a l'huile. — Elles ont généralement la forme de « feuilles de chardons » et sont très irrégulières. Elles peuvent s'écarter énormément et les îlots de peinture peuvent se plisser assez fortement.

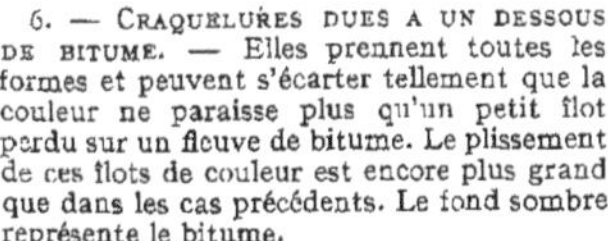

6. — Craquelures dues a un dessous de bitume. — Elles prennent toutes les formes et peuvent s'écarter tellement que la couleur ne paraisse plus qu'un petit îlot perdu sur un fleuve de bitume. Le plissement de ces îlots de couleur est encore plus grand que dans les cas précédents. Le fond sombre représente le bitume.

La cire. — Les dégâts occasionnés par les vernis résineux ont suggéré l'idée de matières destinées à les remplacer pour la protection de la peinture. Seule la cire a donné d'excellents résultats. Dissoute dans de l'essence et étalée en couche mince sur la peinture, elle la protège plus efficacement que les résines et elle ne la fait jamais craquer.

Nous étudierons ses avantages, au chapitre du vernissage.

Vernis mat. — A ceux qui hésiteraient à utiliser le vernis gras étendu d'essence ou la cire, pour protéger leurs tableaux, nous recommandons le vernis mat, composé de résine Dammar ou de mastic, de cire et d'essence de térébenthine, ou mieux, d'essence d'aspic ou de lavande, qui dissout plus complètement la cire.

La cire donne de la souplesse au vernis, qui ne peut plus faire craquer la peinture ; elle le protège en même temps contre l'humidité et les chancis. Ce vernis fait admirablement revenir tous les embus et donne à l'ensemble du tableau un aspect très égal, demi-mat et fort agréable.

CHAPITRE VI

Raisons de la suprématie de la peinture à l'huile en Occident.

On nous dira peut-être : pourquoi ne parler que de la peinture à l'huile et ne pas rechercher d'autres modes de peinture plus solides ? L'huile n'est-elle pas considérée comme la cause de la disparition de bien des chefs-d'œuvre, et matière lourde à manier, n'est-elle pas responsable de la décadence du dessin ? Parcourez les salles renfermant des fresques, des peintures à l'œuf et à la détrempe, dont la clarté exquise nous enchante ; ne forment-elles pas un contraste frappant avec l'obscurité lugubre des autres parties plus modernes de nos musées ?

Evidemment, et nous comprenons d'autant mieux cette idée que nous l'avions jadis partagée et que nous nous sommes longtemps servi de ces procédés délaissés. Comme tout le monde, nous étions étonnés de voir que ces artistes consciencieux avaient abandonné avec tant d'enthousiasme ces procédés auxquels ils étaient habitués, pour un procédé nouveau, mais aussi défectueux.

Mais, par un examen attentif de leurs tableaux, nous avons fini par comprendre les raisons qui les avaient guidés.

Dans les procédés de la fresque et de la détrempe, la dessication par évaporation de l'eau, présentait quatre avantages : exécution plus rapide, facilité des superpositions, précision des traits et fraîcheur du coloris. Par contre, ils avaient le défaut : de rendre difficiles les modelés, dans la pâte, d'interdire les empâtements qui donnent du corps à la couleur, et les valeurs plus sombres que celles de l'embu, qui créent du mystère. Enfin, à l'exception de la fresque, un peu plus résistante, ils étaient plus ou moins altérables par l'humidité.

Seule, la peinture à l'œuf pouvait en être préservée à l'égal de la peinture à l'huile, au moyen d'un vernis. Mais, pour obtenir ce résultat, il fallait que le vernis traversât toute la couche de couleurs, et se mélangeât ainsi à l'agglutinant qui était le jaune d'œuf.

Mais alors, bien des dessous reparaissaient, la fraîcheur disparaissait et la combinaison de la résine avec le jaune d'œuf restait très longtemps poisseuse avant de sécher définitivement. C'est peut-être pour activer la dessication d'un vernis de ce genre, que Van Eyck, aurait exposé au soleil son panneau qui se fendit.

En dehors de la nouveauté, qui est toujours un attrait, les peintres primitifs trouvèrent donc, dans l'emploi de la peinture à l'huile des avantages incontestables pour leur technique et pour la réalisation de leurs rêves.

Quant à la solidité, ils étaient persuadés que celle de la peinture à l'huile était de beaucoup supérieure, puisqu'elle n'avait rien à redouter de l'humidité. Et ils n'avaient pas tort ; si nombre de tableaux peints à l'huile ont presque entièrement disparu par suite de leur obscurcissement ou de leurs crevasses, dus à une technique défectueuse, bien plus de peintures à la détrempe et de fresques ont été complètement détruites par l'humidité.

Pour celui qui connaît les ressources si variées de la peinture à l'huile, la détrempe non vernie ne garde qu'un avantage, celui de la fraîcheur. Et encore, il serait possible d'obtenir une fraîcheur égale au moyen de couleurs broyées avec un excipient composé de 1/2 huile siccative, 1/2 essence, et d'un peu de cire. En effet, la cause du léger rancissement de toute peinture à l'huile même non vernie, c'est que, cette huile n'étant aucunement volatile, l'agglutinant qu'elle constitue se trouve ajouté aux couleurs, dans le broyage, en quantité double de celles des agglutinants de la détrempe, dissous dans l'eau qui s'évapore.

Le même phénomène de jaunissement se produit, aussi

intense dans la peinture à la détrempe, si on double la quantité habituelle de l'agglutinant.

Néanmoins, nous ne recommandons pas ce procédé de peinture à l'huile imitant la détrempe, car il serait aussi fragile que la détrempe elle-même, dont il ne posséderait pas les facilités d'exécution.

Les deux raisons principales du triomphe de la peinture à l'huile, au xve siècle, sont donc : sa résistance à l'humidité, et les avantages de sa technique dans la reproduction des lumières et des ombres.

C'est du second avantage que la peinture européenne a tiré toute son originalité, sa supériorité, et aussi, il est vrai, ses défauts. En effet, bien qu'on semble l'avoir oublié momentanément de nos jours, le but le plus élevé de la peinture est de rendre les gestes et les expressions de l'humanité; car dans ce sens, le « langage des lignes et des couleurs » devient un langage universel, compréhensible pour toutes les races quelque peu civilisées. Or, la faculté de dépasser la valeur des couleurs embues et de modeler dans la pâte, permet d'utiliser intégralement les trois grandes découvertes de la peinture occidentale : la perspective aérienne, le clair obscur et l'impressionnisme des lumières.

Si, laissant de côté les chefs-d'œuvre de la détrempe chinoise ou japonaise, dont l'inspiration, trop différente de la nôtre rend difficile les comparaisons, on oppose les peintures à l'œuf des Primitifs italiens à certaines miniatures persanes ou hindo-persanes, on est bien obligé de reconnaître que, malgré le charme ingénu des premières, la supériorité des secondes est incontestable, non seulement par la beauté de la matière et de l'exécution mais aussi par le raffinement du coloris, le caractère du dessin et l'intensité de l'expression.

Dans leurs proportions minuscules, elles nous présentent des scènes de la cour des sultans ou des sultanes, des châsses, des portraits d'ascètes, de philosophes ou de derviches, des combats, etc... dans lesquels nous remarquons une grâce, une justesse du geste, et une profondeur d'expression qui n'ont jamais été dépassé, au moyen des lignes et des couleurs.

Si maintenant, nous regardons certaines têtes peintes par Rembrandt, une nouvelle émotion vient s'ajouter à celles que nous éprouvions tout à l'heure : par l'effet du relief des lumières, du mystère du clair obscur, les figures s'animent, les yeux brillent, les lèvres respirent ; nous ressentons un choc semblable à celui que nous produirait une apparition ; et à travers ce fantôme, nous apparaît en même temps l'âme du peintre immortel !

Sans doute, pour atteindre à un pareil degré d'émotion, la peinture est obligée de s'écarter de l'aspect décoratif, qui lui aussi a tant de charmes. Mais, s'il lui faut choisir, n'est-il pas préférable qu'elle se voue à l'expression plastique de l'émotion humaine, dans laquelle elle ne rencontre pas de rivale ; tandis que, dans la décoration, elle ne peut songer à rivaliser avec la tapisserie, la faïence, l'orfèvrerie, la mosaïque, etc...

Mais ne soyons pas exclusifs, la peinture à l'huile possède la faculté de varier ses aspects à l'infini, grâce à des procédés extrêmement simples. Elle peut donc donner satisfaction à tous les besoins des artistes, aussi bien à ceux qui sont entraînés vers un idéal décoratif qu'à ceux qui rêvent de l'expression humaine.

Commençons par l'étude pour ainsi dire historique de ce procédé et, pour cette étude, ne sortons pas du Musée du Louvre, qui contient des spécimens de tous genres et que nous avons pu examiner à loisir.

Si l'on s'en tenait à la première impression pour comparer les toiles entre elles, au point de vue de leur couleur et de leur conservation, on commettrait de grossières erreurs. En effet, la clarté des unes et l'obscurité des autres tiennent, en grande partie, à ce que les unes ont été dévernies et restaurées, tandis que les autres sont restées sous le voile plus ou moins goudronneux de leurs vernis. Sans doute, les Rembrandt ont été toujours plus sombres que les Rubens, mais on peut remarquer des tableaux du même artiste qui, sous le rapport de la clarté, diffèrent entre eux d'une manière aussi frappante.

Comparez, par exemple la clarté de la « Vierge au voile » ou de la « Belle Jardinière », de Raphaël, avec l'obscurité de sa « Vierge de François Ier », ou bien les couleurs vives des « Bergers d'Arcadie » de Poussin, avec les couleurs enfumées de son « Triomphe de Flore ».

Le jour où l'on dévernirait et restaurerait la Vierge de François Ier et le Triomphe de Flore, à leur tour, ils domineraient par leur clarté et leur fraîcheur, la « Vierge au Voile », la « Belle Jardinière », et les « Bergers d'Arcadie » lesquels, depuis leur dévernissage et leur restauration, ont recommencé à s'assombrir sous leur nouveau vernis.

Ainsi que nous le démontrerons plus loin, le grand fléau de la peinture a été l'emploi inconsidéré des revernissages. Mais, pour le moment, cherchons à distinguer, sous le voile obscur des vernis et sous les retouches barbares des restaurateurs, quels ont été les différents procédés employés dans la peinture à l'huile, depuis sa naissance jusqu'à nos jours.

CHAPITRE VII

Historique des procédés de la peinture à l'huile.

On attribue généralement à Hubert Van Eyck, l'invention de la peinture à l'huile. Laissons de côté les discussions qui s'élevèrent à ce sujet et aussi à propos des tableaux exécutés par Hubert Van Eyck ou par son frère, Jean Van Eyck qui lui survécut. La seule chose qui nous importe pour notre étude, c'est la constatation que les œuvres des Van Eyck, sont les plus anciennes peintures à l'huile connues et que d'elles date le triomphe de ce procédé de peinture.

Mais la technique de Van Eyck était-elle semblable à celle des peintres à l'huile de nos jours ? Nous répondrons, sans hésiter, qu'elle en différait totalement, plus encore qu'elle ne différait de la détrempe, qu'elle avait remplacée. Qu'un copiste habile essaie de reproduire un tableau de

Van Eyck avec des couleurs à l'huile pure, et il se rendra vite compte de son impuissance. La transparence émaillée des tons, la précision des traits les plus ténus, la préciosité de joaillerie que l'on admire dans les chefs-d'œuvre du Maître flamand, sont inaccessibles aux couleurs délayées dans l'huile pure, qui brouille entre eux les tons que l'on cherche à superposer et qui amollit les contours.

Il est donc évident que l'agglutinant avec lequel Van Eyck broyait ses couleurs, était plus transparent et plus visqueux que l'huile, et qu'il était délayé dans un liquide volatil. Tout nous porte à croire que c'était un mélange d'huile siccative, de résine et d'essence. C'est l'opinion soutenue, avec des arguments très vraisemblables, par Mérimée, dans son ouvrage sur la peinture à l'huile.

Nous avons, d'autre part, entendu émettre l'opinion que cet agglutinant était composé d'huile épaissie, visqueuse, pour ainsi dire résinifiée, et d'essence. Cette opinion est également soutenable bien que l'aspect émaillé de la peinture des Primitifs flamands nous fasse pencher pour la première.

En tous cas, ce procédé leur permettait de peindre presque exactement comme ils le faisaient à la détrempe; la couleur se figeant rapidement, grâce à la viscosité de l'agglutinant et à l'évaporation de l'essence, rendait presque aussi faciles les superpositions des tons, et la finesse des traits. Mais à ces avantages venaient tout à coup s'ajouter des ressources inconnues : grâce au nouvel agglutinant, les couleurs prirent une richesse de vitrail et leur transparence égala celle des ombres les plus profondes de la nature.

En possession de pareilles ressources, Van Eyck, on le sent, se livra à la joie d'aborder les effets les plus difficiles, ceux auxquels jamais encore un peintre n'avait osé s'attaquer. Examinez son merveilleux petit panneau du Louvre « La Madone du Chancelier Rolin ». Voyez la chaude coloration de la peau des visages, sous laquelle le sang circule ; les joyaux et les étoffes lamées d'or qui scintillent, la limpidité des eaux de la rivière ; la précision incroyable des édifices et des montagnes qui restent à leur plan, en dépit de cette netteté ; la richesse des vitraux, la transparence de la lumière, qui traverse les arcades et les fenêtres, la profondeur des ombres, etc...

On peut s'imaginer le cri d'admiration qui accueillit une pareille révolution dans l'art de la peinture, et une perfection technique qui, atteinte du premier coup, ne sera jamais dépassée.

Memling et tous les Primitifs flamands usèrent de procédés analogues à celui de Van Eyck, avec des variantes insignifiantes, mais sans jamais atteindre à sa maîtrise.

Peu à peu, le désir d'élargir leur manière et de rendre les couleurs plus dociles à l'adresse de leur main, poussa les peintres à diminuer la dose de la résine et celle de l'essence. Ils en arrivèrent même à supprimer complètement cette dernière. Ils obtinrent ainsi une peinture plus souple, mais moins précise, et dans laquelle ce qui restait de résine facilitait encore les superpositions en maintenant un degré de transparence que l'huile pure n'aurait pu réaliser.

Certains tableaux sur panneau de Rubens, et notamment sa « Kermesse » du Louvre donnent l'idée la plus caractéristique de ce genre de peinture.

Ensuite, chez Van Dyck, Jordaens, et leurs successeurs, la peinture tendit de plus en plus à se rapprocher, au moins comme effet, de celle à l'huile pure.

La technique de Rembrandt doit être mise à part. Au début, sa matière, quoique un peu fluide, se rapproche manifestement, par sa transparence, de celle des Primitifs flamands. Dans la suite, pour arriver à exprimer plus puissamment la vision qui le hantait, Rembrandt découvrit et utilisa tous les procédés dont la peinture à l'huile est susceptible : surfaces lisses ou rugueuses, solides empâtements, épousant la forme des modelés, comme la terre glaise pétrie par le pouce d'un sculpteur, demi-pâtes, glacis impalpables ou puissants, etc... et cela, sans que jamais apparaisse la recherche des procédés ou des trucs qui déshonora tant de peintures. S'il peignit ainsi, ce fut inconsciemment, et dans le feu de l'inspiration.

Autant qu'on peut le conjecturer, Rembrandt employa les vernis résineux, dans sa première manière, puis, éprouvant le besoin de donner plus de corps à ses lumières, il supprima la résine dans les empâtements, tout en la conservant dans ses ombres et surtout dans ses glacis.

Les procédés transparents de sa première manière furent suivis par beaucoup de maîtres hollandais, tels que Van Ostade, Terburg, etc...

De Flandre, l'usage de la peinture à l'huile se répandit presque aussitôt en Italie. Le plus ancien de ceux qui l'adoptèrent dans ce pays, Antonello de Messine, semble avoir possédé exactement le secret de Van Eyck ; voyez son extraordinaire portrait de « condottière » et défiez n'importe quel copiste de rendre, avec de la peinture à l'huile, l'acuité de ces regards, la volonté de ces lèvres, la fermeté de ces modelés, et l'aspect *laqué* de cette peinture.

Dans la salle des Primitifs se trouve un grand panneau, peint à l'huile, d'une exécution trop léchée et manquant de caractère, mais admirablement conservé, et d'une fraîcheur presque égale à celle des peintures à l'œuf qui l'entourent. C'est « la Vierge et l'enfant », de Lorenzo di Credi, peintre si soigneux qu'il prenait des précautions farouches pour empêcher le moindre grain de poussière de voler dans son atelier. L'aspect « émaillé » de ce tableau nous semble également dû à la présence d'une certaine dose de résine.

Les paroles que l'on attribue au Pape Jules II, et que nous avons citées plus haut, ne suffisent pas à prouver que Léonard de Vinci ait mêlé du vernis à ses couleurs, mais nous ne serions pas étonnés qu'il y ait eu recours, dans son portrait de « La belle Ferronnière ». Dans ses autres tableaux, sur lesquels il travailla souvent pendant plusieurs années, ce grand chercheur a dû superposer des quantités de procédés, au fur et à mesure qu'il les imaginait, et il serait difficile de les déterminer. Tout ce que l'on peut dire, c'est qu'ils ne sont pas rendables avec la peinture à l'huile ordinaire.

Les tableaux de Raphaël, depuis sa seconde manière, telle, la Belle Jardinière, semblent avoir été peints uniquement avec de l'huile ; nous en avons vu des copies admirablement réussies, et exécutées avec ce seul procédé.

On prétend que le Corrège employa dans ses couleurs un vernis composé de la résine appelée térébenthine de Venise et d'essence de pétrole et cela n'est pas impossible.

Quant aux grands Vénitiens, P. Véronèse et surtout le Titien, ils orientèrent la peinture dans un tout autre sens, en recherchant la richesse des tons dans le pouvoir réfléchissant des couleurs et non dans la transparence de leur émail. Ils usèrent, dit-on, d'ébauches à la détrempe, lesquelles, en absorbant une partie de l'huile, donnaient plus de corps à leurs lumières, et quant à leurs glacis, ils les passaient sur des dessous solides et légèrement absorbants. dans lesquels ceux-ci s'incorporaient, avec un aspect de glacis à la détrempe, et non de glacis vitreux comme ceux des flamands.

Mais ces glacis n'étaient pas utilisés pour toutes les parties du tableau, comme on l'a souvent prétendu. Ils servaient surtout à donner de la richesse aux étoffes et de la profondeur aux ombres. Et s'ils furent parfois utilisés par Titien pour des figures d'hommes très colorées, nous ne croyons pas qu'ils l'aient jamais été pour les lumières des figures fraîches des femmes, ainsi que le prétend Mérimée. Ce qui est souvent pris pour un glacis, c'est la couche dorée des vernis qui recouvrent ces figures ; et ce qui le prouve, c'est que les anciens ne possédaient aucune couleur solide pouvant produire un glacis de ce ton, qui aurait duré jusqu'à notre époque. D'ailleurs, dans des parties où ce vernis s'était écaillé, nous avons constaté l'éclat éblouissant de ce genre de carnation, obtenu par l'opacité de la couleur, sans le moindre glacis.

L'aspect des couleurs de Véronèse et du Titien, est à notre avis celui de couleurs broyées à l'huile pure, passées sur des dessous légèrement absorbants et délayées avec de l'huile, peut-être coupée d'un peu d'essence. C'est du moins par ce procédé que nous croyons qu'il serait possible de les imiter le plus exactement.

Ne connaissant pas les musées d'Espagne, il nous est impossible de discuter la technique de Vélasquez. Si nous en jugeons d'après ses portraits du Louvre, ses œuvres se distinguent par une fraîcheur qui surtout dans les gris, nous semble incompatible avec l'emploi de vernis résineux dans les couleurs.

Depuis cette époque, dans la plupart des Ecoles françaises, italiennes, espagnoles, flamandes, etc., la peinture à l'huile pure fut de plus en plus pratiquée. Seule, l'école anglaise semble faire exception ; on sait par exemple que Reynolds usa beaucoup de glacis faits avec des vernis résineux.

L'école française du XVIIIe siècle nous paraît celle qui posséda la technique la plus sûre pour l'emploi de la peinture à l'huile pure. Sur des ébauches savamment établies, les peintres de cette époque peignirent des tableaux élégants et spirituels d'un pinceau alerte, sans retouches ni repentirs. Aussi leurs œuvres se sont-elles conservées dans toute leur fraîcheur. La technique de Chardin était plus étudiée, mais non moins sûre, il se servait parfois d'un peu d'essence, dit-on, et cela expliquerait la fraîcheur remarquable de ses gris et de ses blancs.

David, dans sa technique, continua la tradition, en la rendant encore plus sage, et certains de ses élèves poussèrent cette sagesse de leur pinceau jusqu'au plus haut degré de froideur.

Le chimiste Mérimée, qui avait étudié les procédés de Van Eyck, chercha à réagir. Il préconisa l'introduction de vernis résineux dans la peinture, et son ami Prudhon adopta cette méthode.

C'est à elle qu'il faut attribuer la différence que l'on

TABLEAU DES DIFFÉRENTS GENRES DE CRAQUELURES (*suite*)

7. — Craquelures des tableaux anciens exécutés sur toile. — Ces craquelures sont assez régulières et fines. Le temps seul en est responsable. Parfois, les bords de ces craquelures se soulèvent légèrement, formant ainsi de petites cuvettes.

8. — Ampoules. — Parfois au contraire, c'est le centre de la craquelure qui se soulève par suite de l'humidité et de la chaleur. Il se forme ainsi des ampoules, souvent assez fortes, et très fragiles. Le moindre choc les brise et la peinture se détache de la toile.

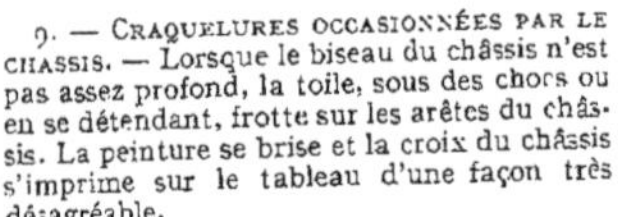

9. — Craquelures occasionnées par le chassis. — Lorsque le biseau du châssis n'est pas assez profond, la toile, sous des chocs ou en se détendant, frotte sur les arêtes du châssis. La peinture se brise et la croix du châssis s'imprime sur le tableau d'une façon très désagréable.

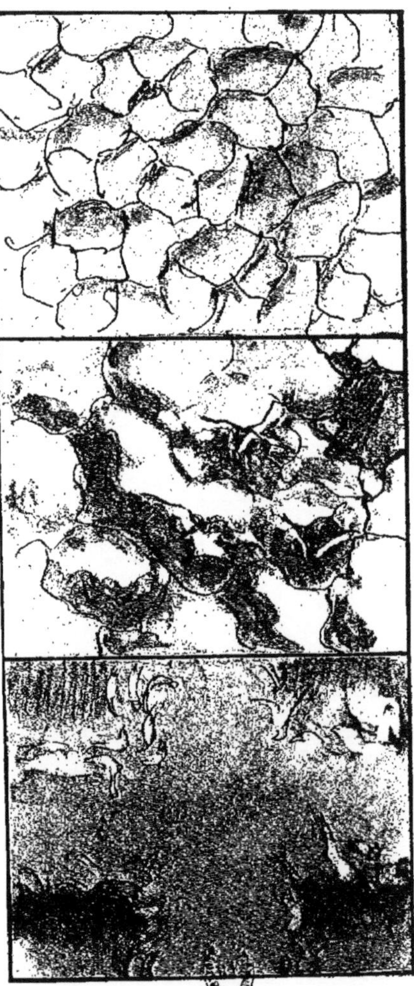

remarque entre l'aspect du « Portrait de jeune garçon » de Prudhon, et celui des portraits de David. La matière du premier est plus raffinée, le modelé en est plus mystérieux, mais il faut le reconnaître, la couleur a pris des tons de porcelaine et manque de la franchise que l'on remarque chez les seconds.

Depuis ce moment, certains élèves de David s'étant émancipés, la tradition fut définitivement brisée ; les peintres en furent réduits à baser leur technique sur leur seule inspiration personnelle, et chacun se mit à peindre à sa façon, soucieux de l'effet immédiat, et non de l'avenir de sa peinture. Le résultat fut que beaucoup de toiles de cette époque s'altérèrent avec une rapidité et dans des proportions jusqu'alors inconnues.

Mais, par contre, des façons nouvelles de peindre, fort intéressantes, naquirent de cette indépendance. Avec Delacroix, commence à s'introduire dans la peinture à l'huile la décomposition des couleurs que Chardin seul avait osée, *dans ses pastels*. L'exécution logique de la peinture à l'huile pure, dans la pâte, rendait cette décomposition impossible. Avec son procédé de repeints incessants et parfois de hachures, Delacroix indiqua la voie de décomposition des couleurs qui produisit son plein effet dans les premières œuvres des impressionnistes et surtout dans celles de Monet et de Renoir, pour tomber ensuite dans une exagération qui enlevait toute solidité aux formes, aux lignes et aux plans.

Pour réaliser avec plus d'intensité les effets de cette décomposition de la lumière, les impressionnistes proscrivirent tous les « jus » et utilisèrent les couleurs telles qu'elles sortaient du tube, c'est-à-dire avec le minimum d'agglutinant. Certains même usèrent de toiles absorbantes qui attiraient l'huile en dessous des couleurs et l'empêchaient de remonter à leur surface. Ils obtenaient ainsi un degré de luminosité et de fraîcheur presque aussi grand que celui des détrempes, et ils prévenaient le rancissement des couleurs.

On ne pourrait donc que louer leur technique nouvelle, si elle avait été plus respectueuse des lignes et des plans qui construisent un tableau, et si, elle avait été un peu moins « grumeleuse » car, entre ses grumeaux, la crasse se fixera, et ne pourra plus être chassée.

Cependant d'autres artistes, aussi épris de la fraîcheur des couleurs obtenues de cette manière, mais réprouvant l'indécision des formes de cette école, usèrent de matières analogues, par grands aplats ou par teintes plus discrètement décomposées, mais toujours inscrites dans des lignes solidement établies. Dans ce genre, nous pouvons citer certains tableaux de Cézanne et de Gauguin.

D'autres obtinrent ainsi des effets que l'on peut comparer à ceux des plus belles fresques ; citons, comme modèles de ce genre, les deux peintures décoratives de Puvis de Chavannes, au Musée de Marseille. Ces peintures terminées en 1869 semblent dater d'hier, tant elles conservent de fraîcheur et de solidité. Avec leurs tons et leurs valeurs plus accentués, elles semblent même plus jeunes que des décorations plus récentes du même Maître, comme celles de la Vie de sainte Geneviève, aux tons et aux valeurs affadis à l'excès.

Les impressionnistes ayant atteint le dernier degré de surenchère, dans leur procédé, une nouvelle école se créa, celle des « pointillistes ». En réalité, elle n'apportait aucune idée nouvelle, elle n'apportait qu'un moyen matériel de rendre encore plus complète la décomposition des couleurs.

Au point de vue de la lumière, il est certain qu'elle obtenait une intensité encore inconnue.

Au point de vue de la conservation de la peinture, l'absence de mélanges des couleurs (lorsque ces couleurs étaient solides), pouvait faire espérer une durée supérieure à celle des autres procédés.

Malheureusement, au point de vue esthétique, les résultats étaient plus critiquables : ces pointillés, qui, même à grande distance, n'arrivaient pas à reconstituer la lumière, parce qu'ils ne pouvaient être assez fins, irritaient l'œil, au lieu de le charmer ; ce travail de patience enlevait à l'artiste tout mouvement d'inspiration et figeait son œuvre tout entière. Le pointillisme représente la dernière tentative moderne de rénovation de la technique.

Abandonnant ce genre de recherches, les artistes se sont lancés dans des théories d'ordre plus ou moins esthétique : le fauvisme, le douaniérisme, le voluminisme, le futurisme, le constructionisme, le cubisme naturel à trois dimensions, le cubisme surnaturel à deux ou à quatre dimensions, l'orphéisme, l'expressionisme, le surréalisme, etc...

Pour toutes ces nouveautés esthétiques, aucune nouveauté technique n'a été inventée, les procédés employés jusqu'au pointillisme ont suffi.

Le cubisme, avec ses prétentions au rendu de la troisième et même de la quatrième dimension, devait d'ailleurs se trouver fort bien de la peinture à l'huile qui seule est capable de rendre *la profondeur*. Seul le cubisme « surnaturel » à deux dimensions, prôné par A. Gleizes comme une nouveauté sensationnelle, *devrait* rejeter non seulement la peinture à l'huile, mais encore toute espèce de peinture, si son inventeur était logique avec lui-même.

Que pose-t-il en effet comme principes ?

1° Qu'un artiste sincère n'a pas le droit de tromper le public, au moyen d'une illusion et que, par suite, un peintre commet un grand péché contre l'art pur, lorsque, sur une toile qui n'a que deux dimensions, il donne l'illusion d'une troisième dimension, celle de la profondeur.

2° Que ce peintre commet une faute encore plus grave, en donnant l'illusion de la nature, sur une toile inanimée.

3° Qu'un peintre sincère doit borner son œuvre à la recherche de lignes, de couleurs et de proportions harmonieuses, sans aucun rapport avec les objets et les formes de notre monde, et cette œuvre ne représentant rien de la nature doit pouvoir être regardée dans tous les sens.

Voilà le résumé de l'idéal exprimé par Albert Gleizes dans sa brochure : *Du Cubisme et des moyens de le comprendre.*

Nous lui répondrons :

1° Que l'illusion est aussi indispensable pour les yeux et pour l'esprit de l'homme, que l'air pour ses poumons, et que le plus grand artiste sera celui qui créera la plus grande illusion.

2° Mais, si nous admettions sa thèse, ne serions-nous pas en droit de lui reprocher, à lui-même, un péché mortel, contre sa propre doctrine, lorsque, avec des couleurs, il trompe le public en *déguisant* une belle toile de lin ?

S'il avait jeté un regard vers l'Orient, d'où vient la lumière, il se serait aperçu que sa prétendue découverte était vieille de plus de mille ans, et que, des chefs-d'œuvre inimitables avaient été réalisés, d'après les principes qu'il édicte, dans l'art musulman, dont les tapis, les faïences, les mosaïques, etc... ne sont décorés que par des lignes et des couleurs, à « deux dimensions », ne représentent rien de la nature, et peuvent être regardés dans tous les sens.

Mais chez eux, jamais la belle matière n'est déguisée avec de grossières couleurs ; aucune duperie : les matières vraies et précieuses, l'émail, la nacre, la laine, la soie, l'or, l'argent, etc., sont seules employées ; enfin, les lignes et les couleurs sont commandées par les nécessités de ces matières, et inspirées par le plus ardent idéal de poésie et de religion.

Cet exemple de l'Orient nous entraîne bien loin des théories paradoxales et des modes éphémères de toutes ces petites chapelles qui s'anathémisent, les unes les autres, et qui jettent le désarroi dans les esprits. Ne méritent-elles pas d'être classées, elles aussi, parmi les pires « Fléaux de la Peinture » ?

Que sera la technique de demain ? La peinture à l'huile est si féconde en ressources que l'on peut espérer que, des procédés étudiés plus haut, naîtront des procédés inédits pour exprimer des visions nouvelles. Mais même si cela ne se produisait pas, les procédés que nous avons étudiés seraient amplement suffisants pour exprimer toutes les tendances nouvelles, le jour où l'on reviendrait à la saine idée de considérer la peinture comme un merveilleux *moyen* d'expression et non comme un *but* exclusif de tout autre idéal.

Ne voyons-nous pas des littérateurs exprimer des pensées très nouvelles, en n'usant que de mots très simples et très classiques, tandis que d'autres, n'usant que de néologismes, n'arrivent à exprimer que des idées banales et caduques ?

A une époque où tout le monde coupe la queue de son

chien, Alcibiade serait obligé, pour se faire remarquer par son originalité, de rajouter au sien une queue artificielle.

Après la mode des couleurs complémentaires, nous verrons sans doute la mode suivant laquelle on ne pourra être considéré comme coloriste que si l'on exclut rigoureusement toute couleur complémentaire de ses tableaux. Cette mode sera aussi absurde que la première, mais elle aura l'avantage de démontrer que l'on peut obtenir de l'harmonie avec n'importe quelles couleurs, complémentaires ou autres, si l'on est né coloriste. Alors, on renoncera peut-être à des prétentions soi-disant scientifiques, qui ne peuvent conduire qu'à l'erreur.

Et ce jour-là, l'art s'étant affranchi des traditions surannées, des pastiches indignes, des modes artificielles et des théories stériles, reprendra son essor, avec des procédés sûrs et par des voies modernes, vers de nouveaux triomphes.

CHAPITRE VIII

Essai de reconstitution des divers procédés de la peinture à l'huile.

On voit à quelle variété d'aspects a conduit la peinture à l'huile, depuis sa découverte. Nous allons maintenant essayer d'indiquer à nos confrères les moyens les plus pratiques pour obtenir ces différents effets et peut-être même des effets encore inconnus ; si bien que chacun d'eux pourra se créer la technique la plus propre à la réalisation de son idéal. Nous n'avons pas la prétention de *reconstituer exactement* les procédés des Maîtres anciens ni même ceux des peintres plus modernes, et encore moins de donner la « recette » de leur génie pictural.

L'histoire, nous l'avons vu, nous laisse dans une grande ignorance à ce sujet ; mais, eussions-nous des traités de peinture très complets, du temps, il nous serait presque impossible de les suivre. Beaucoup de produits ont changé de nom ; beaucoup de couleurs, employées jadis, ont été remplacées par des couleurs plus brillantes et plus solides, qui se comportent autrement, dans la peinture ; enfin à notre époque de vapeur et d'électricité, nous ne pourrions nous astreindre aux prescriptions méticuleuses et aux complications infinies de la technique, dans lesquelles se complaisaient les Maîtres d'une époque où le temps n'était pas encore « de l'argent ».

Notre but sera donc de rechercher avec les produits nouveaux dont nous disposons, avec notre mentalité d'artistes du xxe siècle, les moyens les plus pratiques pour copier les œuvres anciennes aussi exactement que possible et surtout pour utiliser les avantages de leur technique dans des buts exclusivement modernes.

Pour cela, nous suivrons l'évolution que nous venons de noter, dans l'histoire des procédés de la peinture, c'est-à-dire que nous partirons de la plus grande transparence, pour finir par la plus grande opacité.

Dans son livre sur la *Science de la Peinture*, Vibert à qui l'on doit d'intéressantes découvertes, commet une erreur primordiale.

Pour lui, les différences d'aspect de la peinture résultent *uniquement* de la différence en *quantité* des agglutinants ; on a d'abord : la poudre de couleur, qui ne résiste à aucun choc ; puis le pastel, agglutiné très légèrement avec de la terre de pipe, du lait ou de la gomme, qui adhère davantage, puis la détrempe, contenant un peu plus de colle animale et qui éclaircit en séchant, puis la peinture à l'œuf ou à la caséine, qui contiennent assez d'agglutinant pour ne presque pas baisser de ton en séchant, et enfin la peinture à l'huile qui, grâce à la forte dose de son agglutinant, conserve en séchant le ton qu'elle avait étant fraîche et ne change pas sous l'action du vernis final.

Il est certain que la dose de l'agglutinant joue le rôle capital, mais la *qualité* de cet agglutinant joue aussi un rôle extrêmement actif. Chacun des agglutinants agit d'une façon très différente, mais pour ne pas compliquer, nous les diviserons en deux catégories, dont les effets sont le plus nettement opposés :

1° Les vernis résineux, les gommes, l'albumine, donnent aux couleurs une transparence de vitrail, mais leur enlèvent du corps, de la fraîcheur et de la luminosité.

2° Le jaune d'œuf, la cire, la caséine et l'huile, donnent aux couleurs beaucoup moins de transparence, mais leur conservent beaucoup plus de fraîcheur et de luminosité.

On n'a qu'à broyer les mêmes couleurs avec chacun de ces agglutinants et à les comparer, pour s'assurer de la vérité de notre assertion.

Nous remarquerons aussi que l'huile diffère de tous les autres agglutinants, par sa façon de sécher, tandis que ces agglutinants sèchent par l'évaporation du liquide, eau ou essence, dans lequel ils étaient dissous, l'huile sèche par absorption de l'oxygène de l'air, sans aucune évaporation et sans rien perdre de son poids ; au contraire, au poids de l'huile séchée vient s'ajouter celui de l'oxygène absorbée. Cette particularité est la cause des rides qui sillonnent une couche d'huile, lorsqu'elle est desséchée.

Ceci étant établi, cherchons d'abord la méthode qui nous permettra de réaliser l'aspect émaillé et la précision de joaillerie d'une œuvre de Van Eyck. Pour arriver à la *copie exacte*, il faudrait nous résoudre à préparer tous nos matériaux, nous-mêmes, comme cela se faisait jadis. Le panneau, soigneusement choisi, devra être recouvert de plusieurs couches de craie délayée dans de la colle animale et bien poncées. Les couleurs devront être broyées avec un mélange d'huile siccative, de résine et d'essence, puis, par l'exécution, délayée avec le même mélange.

Le dessin ayant été finement tracé, on commencera par des teintes de lavis brunâtres, dans les ombres, puis les couleurs seront posées par couches successives, légères et laissant jouer le blanc de la préparation, jusqu'au moment où l'on terminera la peinture avec les teintes fortes et définitives, les légères pâtes des lumières et les reliefs destinés à rendre le scintillement des pierreries et des ors.

Ce travail du plus ancien peintre à l'huile ressemblait davantage à celui d'un orfèvre sertissant des pierres précieuses qu'à celui du peintre moderne usant d'une vaste palette et de larges brosses, et pourtant, dans sa minutie, il atteignait à une puissance d'expression que les procédés les plus violents n'ont jamais dépassée.

Les têtes de « l'Homme à l'Œillet », du Chancelier Rolin et du Chanoine Pala soutiennent la comparaison avec les portraits exécutés par les peintres les plus fougueux, et si les figures de la Vierge, exécutées par le Primitif flamand manquent de la grâce de celles des Primitifs italiens, jamais les modelés de l'épiderme féminin n'ont été rendus avec plus de pureté que dans le portrait de « La femme de Van Eyck ».

A notre époque d'impatience, peu de peintres se résigneraient à adopter la méthode que nous venons de décrire ; d'ailleurs, il n'est pas utile de copier exactement et d'atteindre au degré de finesse des tableaux des Primitifs flamands ; ce qui est intéressant, c'est de pouvoir utiliser pour des buts modernes la transparence, la richesse de vitrail, la précision et la préciosité de leurs couleurs.

Et pour cela, nos confrères n'auront qu'à se servir de produits qu'ils trouveront tout préparés chez leurs fournisseurs habituels.

Une toile fine, bien préparée à deux couches, remplacera le panneau.

Quant aux couleurs, l'action de la résine est si puissante sur elles qu'il suffira d'ajouter aux couleurs à l'huile ordinaire une dose plus ou moins forte des vernis ou des médiums résineux dont nous avons déjà parlé, pour obtenir l'aspect d'émail, la transparence et la précision recherchés.

Les artistes qui voudraient encore accentuer ces effets, n'auraient qu'à enlever préalablement aux couleurs leur excédent d'huile, en les posant sur un papier buvard, puis à leur rajouter sur la palette une quantité de résine équivalente.

Ce qui est important, c'est que *le vernis soit également mélangé dans toutes les couleurs*, exception faite du blanc d'argent, qui perdrait trop de son pouvoir couvrant, s'il était saturé de résine.

En plus de la transparence et de la précision, ce procédé possède bien des avantages :

Il supprime l'embu et prévient les fissures (*à condition que le vernis soit également réparti dans toutes les couches de la couleur*. Dans le cas contraire, il pourrait les provoquer).

Il permet une exécution beaucoup plus rapide, en facilitant les superpositions des tons, dans le frais, grâce à la viscosité que prend rapidement la couleur posée sur la toile, superposition impossible avec les couleurs à l'huile pure. Pour la même raison, les modelés sont réalisés avec beaucoup plus d'exactitude.

Enfin si, dans le tableau achevé, subsistent quelques rares embus, on peut procéder presque aussitôt au vernissage définitif, avec un vernis mixte, c'est-à-dire composé d'un peu d'huile, de résine et d'essence, sans avoir à redouter les craquelures qui seraient inévitables dans une opération de ce genre sur une peinture à l'huile pure, insuffisamment sèche.

En effet, la résine durcissant rapidement la couleur à laquelle elle est mélangée lui donne la force de résister à l'action rétractile du vernis final. Tandis que la couleur à l'huile pure restant molle pendant plus d'un an, est entraînée par l'action rétractile du vernis qu'on lui superpose et s'ouvre en larges fissures.

Pourquoi donc, étant donnés les résultats merveilleux obtenus par ce procédé, comme effet pictural, comme facilité d'exécution et comme solidité des couches de couleurs, fut-il peu à peu délaissé, ainsi que fut délaissée la détrempe qu'il avait lui-même remplacée ?

C'est que, à côté des avantages que nous venons d'énumérer, il possède des défauts qui deviennent de plus en plus évidents, à mesure que sont augmentées les proportions du tableau. A notre avis, il a réalisé son chef d'œuvre dans « La Madone du Chancelier Rolin ».

Dans les tableaux primitifs de plus grandes dimensions, nécessitant par suite un plus grand recul pour être vus dans leur ensemble, on s'aperçoit que les lumières deviennent creuses, et que toutes les figures, tous les détails des fonds paraissent exactement au même plan. Tout relief et toute perspective aérienne ont disparu. Et cela est inévitable, car la rançon de la transparence acquise, grâce à la résine, par les couleurs, c'est la perte de leur pouvoir couvrant, de leur luminosité et de leur fraîcheur. Et si un artiste moins soigneux introduisait des doses successives de résine dans ses couleurs déjà saturées d'huile, son tableau paraîtrait tout à fait creux et rancirait presque immédiatement. C'est pour ces raisons que la dose de résine employée par les premiers peintres à l'huile diminua à mesure que furent augmentées les dimensions des tableaux.

Il est probable, ainsi que Blocks, le célèbre fabricant de couleurs d'Anvers, le prétend, dans son *Compendium*, que Rubens mélangeait à son huile une certaine proportion de résine. Cela semble ressortir de la transparence de ses tableaux peints sur panneau et en particulier de sa Kermesse du Louvre. Cela explique également la maîtrise avec laquelle des couleurs sont superposées, dans la pâte fraîche, ce qui serait impossible, avec l'emploi de l'huile pure.

Par contre, les contours n'ont rien de la précision de ceux des Primitifs, ils sont comme noyés dans l'agglutinant des couleurs, et de cette constatation, nous concluerons que l'excipient employé par Rubens ne contenait aucune partie volatile et n'était composé que d'une huile plus ou moins siccative et d'un peu de résine.

A ceux qui désireraient faire une copie exacte de la Kermesse, nous conseillerions de mélanger à leurs couleurs, un excipient du genre de l'ambre ou du copal à l'huile.

Passons maintenant à la peinture dans laquelle l'huile est l'unique agglutinant. Avec elle, on obtient plus de puissance dans les lumières, plus de franchise dans les couleurs, et on peut aussi obtenir des aspects très variés. Mais, comme nous l'avons dit, elle possède moins de transparence, de précision, et son maniement se heurte à beaucoup plus de difficultés.

L'impossibilité de la superposition des couleurs dans la pâte fraîche, les embus, l'obscurcissement des repeints, la lenteur et la grande inégalité de dessication des différentes couleurs et les craquelures fréquentes, sont les obstacles les plus graves que l'on rencontre dans l'exécution de ce genre de peinture.

Ces obstacles existent bien dans la peinture où des résines sont mélangées aux couleurs à l'huile, mais à un degré beaucoup moindre, et en somme, peu gênant, tandis que dans la peinture à l'huile pure, ils dominent, pour ainsi dire, toute la technique.

Etudions ces obstacles, les uns après les autres, en indiquant les moyens les plus efficaces pour y parer.

La superposition des couleurs encore fraîches, si facile dans la peinture mélangée de vernis à l'essence, plus difficile déjà lorsque l'essence est supprimée, devient pour ainsi dire impossible dans la peinture à l'huile pure. Quelle que soit l'adresse de l'artiste, le ton superposé à un autre, encore frais, se mélangera à lui plus ou moins complètement. Aussi, pour réaliser ces superpositions,

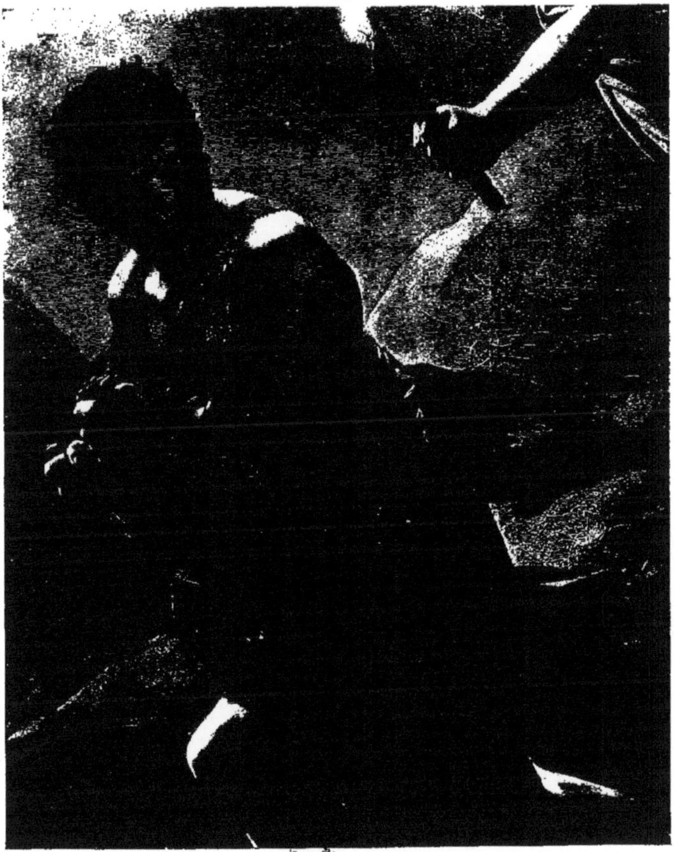

PRUD'HON. — LA JUSTICE POURSUIVANT LE CRIME (DÉTAIL).
(Musée du Louvre).

La poitrine du criminel est sillonnée de larges blessures par lesquelles suinte le dessous de bitume de l'ébauche.

Quant aux craquelures plus fines qui se détachent en clair, elles sont causées par la préparation trop lisse de la toile, et aggravées par les couches de vernis.

indispensables dans bien des cas, il n'existe qu'un moyen, c'est de les exécuter sur des couleurs déjà sèches.

Mais alors, il faut interrompre à chaque instant le travail, les couleurs à l'huile pure séchant beaucoup moins vite que celles qui contiennent du vernis, de plus, si les dessous ne sont pas bien secs, ils occasionnent des craquelures dans la couche supérieure. Enfin, les retouches ou repeints obscurcissent facilement, et des embus empêchent de distinguer les tons véritables !

Pour parer à tous ces maux, les artistes d'autrefois adoptèrent une méthode très stricte : sur une ébauche plus ou moins poussée, et bien sèche, ils peignaient morceau par morceau, dans la pâte, et ils s'interdisaient toute retouche ou repeint. Si un morceau était manqué, ils l'effaçaient, pour le reprendre de la même façon.

Ce procédé donna les meilleurs résultats dans la peinture élégante et facile des Maîtres français du XVIIIe siècle. Il fut continué par David, qui l'assagit encore ; le plus souvent, il exécutait une ébauche très étudiée, comme celle du portrait de Madame Récamier, au Louvre, pour terminer ensuite son tableau avec la certitude de ne pas avoir de « repentirs ».

Ingres, grâce à sa prodigieuse sûreté de main, exécuta de cette façon, des tableaux d'une technique impeccable et d'une conservation parfaite. Mais, lorsqu'il eut des « repentirs », ces « repentirs » eurent un sort désastreux, dont un exemple caractéristique se trouve dans la tête de Muse que nous reproduisons sur la couverture de cet ouvrage.

Quant aux élèves de ces deux maîtres, ils exagérèrent encore leur méthode ; après avoir tracé un simple dessin, ils peignirent petit morceau par petit morceau, sans ébauche, directement sur la toile blanche. Dans les académies de peinture, ce procédé se perpétua longtemps ; le premier jour de la semaine, l'élève traçait le dessin, le second jour, il peignait l'œil du modèle, et il descendait ainsi sa figure chaque jour morceau par morceau et le samedi il terminait par les orteils. . .

Une pareille méthode rendant impossible tout sentiment de l'ensemble, paralysait tellement l'inspiration de l'artiste qu'elle devait amener une révolte chez tous « les jeunes » du XIXe siècle, avides de recherches nouvelles ; aussi cette méthode, et même toute espèce de méthode fut-elle abandonnée par eux ; ils peignirent comme ils purent, avec le seul souci de la réalisation de leur rêve.

C'est dire que leurs tableaux furent exécutés pour ainsi dire au moyen de *repeints ininterrompus*. Or, si beaucoup de leurs œuvres sont dans un état qui laisse à désirer, cela tient plutôt à l'emploi de mauvaises couleurs, et surtout du bitume, qu'à leur procédé désordonné.

Cette indépendance, dans l'exécution, bien plus conforme aux aspirations de notre époque, se remarque dans la plupart des chefs-d'œuvre de la seconde partie du XIXe siècle et du XXe siècle.

Et comme ces défauts, au point de vue de la conservation des tableaux sont évitables, à notre avis, nous allons essayer d'indiquer les moyens par lesquels ce genre d'exécution sera rendu encore plus facile et moins dangereux pour l'avenir de la peinture moderne.

Lorsqu'on fait une retouche sur une peinture exécutée du premier coup, le repeint ne s'accordera jamais avec le reste du tableau et fera une tache sombre d'un effet insupportable.

Mais, lorsqu'un tableau est, pour ainsi dire, retouché dans toute sa surface, tous ces repeints, ayant subi à peu près la même évolution, s'accorderont entre eux d'une façon très suffisante.

Pour n'être entravé en rien dans l'exécution d'un tableau que l'on veut conduire d'ensemble, en rajoutant chaque jour les touches qui préciseront de plus en plus l'effet rêvé, une des conditions les plus nécessaires est de connaître l'évolution habituelle des repeints, de façon à pouvoir les utiliser sans trop d'inconvénients.

Les repeints. — Nous avons déjà parlé de l'obscurcissement des repeints, obscurcissement que l'on attribue souvent, à tort, à des couleurs inaltérables. A quelles causes physiques est dû l'obscurcissement inévitable de la couleur saturée d'agglutinant, lorsqu'elle sèche ? Il est difficile de le déterminer. Il est probablement dû à l'effet optique résultant du resserrement de la couleur, par suite de cette dessication. Nous en avons la preuve lorsque nous étudions cet obscurcissement dans des couleurs à la détrempe saturées d'agglutinant.

Avec ces couleurs, l'obscurcissement définitif se produit en quelques minutes, aussitôt que l'eau est évaporée. Si l'on pose une goutte d'eau à la surface de cette couleur assombrie, immédiatement, à cette place qui se gonfle, elle reprend sa clarté première, pour la perdre de nouveau lorsque la goutte d'eau sera évaporée.

Mais peu importe la cause du phénomène, ce qu'il faut retenir, c'est qu'il est inévitable, et ce qu'il faut rechercher, ce sont les conditions dans lesquelles il se produit.

Nous remarquerons que plus la couche de couleur est épaisse, plus l'assombrissement est violent, et que, par suite, il est préférable d'user de retouches d'une pâte légère, quitte à les renouveler deux ou trois fois. D'ailleurs, contrairement à l'idée généralement répandue, un fort empâtement ne donne pas plus de lumière ni de corps à la peinture, car l'huile qui ressort à sa surface, lui enlève sa couleur et son pouvoir lumineux (à moins qu'elle ne soit attirée par une préparation absorbante sur laquelle l'empâtement aura été *directement posé*).

En tous cas, deux couches légères, superposées ont un pouvoir colorant et lumineux très supérieur au plus fort empâtement.

Les repeints, devant fatalement s'obscurcir, sont beaucoup plus dangereux lorsqu'ils sont posés sur un fond de même valeur ou plus clair qu'eux-mêmes. On a donc avantage à ne les utiliser que sur des fonds plus sombres (où, le pire qu'il puisse leur arriver, est de se confondre avec ce fond, par leur propre assombrissement) et de les exécuter plus clairs qu'on ne les désire.

Dans la peinture en question, il faut donc toujours repeindre de plus en plus clair, exception faite pour les glacis qui peuvent jaunir, mais qui ne s'assombrissent pas, lorsqu'ils ne contiennent pas de blanc.

Il est un autre genre de repeints, dont nous n'avons pas encore parlé ; c'est celui qui sert, non à retoucher, mais à changer complètement une partie du tableau.

Vibert cite, dans ce genre, le repeint par lequel Vélasquez effaça la jambe d'un cheval, qu'il voulait déplacer. Lorsqu'il eut exécuté la nouvelle jambe à la place qui lui convenait, le repeint, obéissant à un autre phénomène, aussi inévitable que celui de l'obscurcissement, perdit peu à peu de son opacité, et la jambe condamnée reparut si bien que le cheval se trouva galoper sur cinq jambes !

Pour parer à ce défaut, une couche plus épaisse de couleur eût été inefficace, le seul remède eût été celui que nous indiquions plus haut, le repeint par plusieurs couches légères et successives. La première aurait à peine dissimulé la jambe condamnée, la seconde l'aurait presqu'entièrement recouverte, et la troisième l'aurait fait disparaître *pour toujours*.

Les embus. — Les embus sont combattus facilement par l'emploi de vernis à retoucher. Mais, ainsi que nous l'avons déjà dit, ces vernis doivent être aussi minces que possible, c'est-à-dire qu'il faut les couper avec au moins trois quarts d'essence, car ils pourraient faire craquer la peinture. Les meilleurs sont ceux qui contiennent une petite proportion d'huile, qui leur donne de la souplesse. L'huile d'œillette vieille, claircée au soleil et étendue de 4/5 d'essence peut elle-même être utilisée comme un des meilleurs vernis à retoucher.

La cire, si parfaite comme vernis final, doit être rigoureusement proscrite des vernis à retoucher, car les couches de peinture qu'on lui superposerait n'auraient aucune adhérence.

Inégalité de dessication des couleurs à l'huile. — Certaines couleurs, comme le blanc d'argent, la terre d'ombre brûlée, le rouge de Venise, etc., activent considérablement la dessication de l'huile.

D'autres comme le blanc de zinc, le noir d'ivoire, les laques de garance, etc., retardent au contraire cette dessication, dans des proportions aussi grandes, le bitume l'empêche totalement.

Cette inégalité est un des défauts les plus gênants de la peinture à l'huile. Aussi, surtout dans le procédé que nous discutons, conseillons-nous d'égaliser cette dessication au moyen de quelques gouttes de siccatif de courtrai, mélangé sur la palette aux couleurs lentes à sécher.

Une goutte, mise au compte-gouttes suffit pour rendre le noir d'ivoire ou la laque de garance aussi siccatifs que le blanc d'argent.

Quant au blanc de zinc et au bitume, on arriverait bien à les rendre siccatifs de cette manière mais leur pâte trop fragile dans l'un et trop sensible au froid et à la chaleur, dans l'autre, les rendrait toujours dangereux pour la couche de peinture.

Les craquelures. — Les craquelures qui ont défiguré tant de chefs-d'œuvre sont beaucoup plus fréquentes et plus graves dans la peinture à l'huile pure, que dans tout autre procédé. C'est pour les éviter que l'on recommandait jadis de ne jamais repeindre que sur des couleurs absolument sèches et que, parfois, les artistes laissaient écouler des mois entre deux couches de couleurs, car les mouvements contrariés de ces deux couches, dont l'inférieure absorbe par endroit l'huile de la supérieure, doivent fatalement provoquer des désastres.

Pour la même raison, on devait peindre les morceaux, du coup, sans aucune retouche.

Dans les tableaux du XVIIIe siècle, où l'exécution est facile, et sans repentirs, les craquelures sont rares.

Elles sont aussi rares, dans l'école de David, si méthodique et si sage. Mais, lorsqu'avec le procédé de peinture du morceau dans la pâte, on repeint par dessus une partie effacée et insuffisamment sèche, les craquelures deviennent effroyables.

Dans une peinture incessamment reprise, par petites touches séparées, elles sont peut-être aussi fréquentes, mais la plupart du temps insignifiantes et en tous cas, infiniment moins graves.

Il est facile de comprendre en effet que les craquelures qui se produisent par la rétraction de la couche de couleur dont les bords sèchent et se fixent en premier, seront imperceptibles dans une touche de deux ou trois centimètres, tandis qu'elles peuvent devenir énormes dans une couche de couleurs homogènes, posées le même jour et atteignant cinquante centimètres de chaque côté.

Notons également que les craquelures sont rares dans certaines couleurs dont la pâte est solide, et dont le type le plus parfait est le blanc d'argent, et qu'elles sont au contraire très fréquentes dans les couleurs séchant mal, et dont la pâte est inconsistante, telles que la garance, le noir d'ivoire et le blanc de zinc.

L'emploi *d'une goutte* de siccatif, dans ces couleurs, loin de provoquer des craquelures, comme on le dit généralement, est donc au contraire capable de les prévenir.

Les glacis. — Les glacis furent employés de tous temps; les peintures des Primitifs n'étaient pour ainsi dire que des glacis superposés. Mais il faudrait s'entendre sur ce qu'on appelle « glacis ». L'opinion courante considère le glacis comme une couche extra-mince de couleur ne contenant aucune trace de blanc et étendue à la manière de l'aquarelle dans laquelle la gouache est interdite.

A notre avis, le glacis de blanc, en couche extra-mince, est aussi légitime que celui des autres couleurs et il a d'ailleurs été employé, de tous temps, par exemple, dans les voiles transparents des Vierges des Primitifs.

Nous pouvons toutefois distinguer deux genres de glacis, très différents dans leurs effets.

1o Le glacis de couleur pure, qui, sur un dessous clair, donne à cette couleur, le ton le plus riche et le plus chaud qu'elle puisse réaliser.

2o Le glacis d'une couleur mélangée à un peu de blanc, qui donne à cette couleur le ton le plus frais et même le plus froid qu'elle puisse réaliser, lorsqu'il est posé sur un fond plus sombre.

Il existe aussi plusieurs façons de passer les glacis, et chacune d'elles produit un aspect différent. La meilleure de toutes serait de les passer en les délayant uniquement dans l'essence, c'est ainsi que l'on obtiendrait les tons les plus purs. Mais ils risqueraient ainsi de devenir pulvérulents, aussi est-il préférable d'ajouter à l'essence un peu de vernis résineux ou un peu d'huile d'œillette rendue plus claire et plus siccative par une longue exposition à l'air et à la lumière.

Avec le vernis résineux, la transparence et la solidité des

glacis seront plus grandes mais au détriment de la pureté du ton qui rancira plus ou moins.

Les glacis du Titien, qui semblent s'incorporer dans la pâte qu'ils recouvrent doivent avoir été obtenus par le second procédé, c'est-à-dire par l'huile remplaçant la résine.

Il est à remarquer que *les glacis sans blancs ont l'avantage de ne pas s'obscurcir, comme les repeints*, leur seul défaut est de jaunir lorsqu'ils contiennent un excès d'huile ou de vernis.

Peinture au couteau à palette. — Certains artistes, dont le plus célèbre est Courbet, ont eu l'idée de remplacer le pinceau par le couteau à palette pour étaler les couleurs. Ils obtiennent ainsi une surface lisse comme le marbre, sur laquelle la poussière ne peut s'accrocher. Malheureusement, les « touches » de couteau sont souvent cerclées par une arête vive, assez désagréable. Enfin, quelle que soit l'adresse de celui qui manie le couteau, le hasard jouera toujours un grand rôle dans ce genre de peinture.

Peinture à l'huile et à la cire. — Il est un moyen d'obtenir de la peinture à l'huile mate avec un aspect de détrempe. Il consiste à mélanger aux couleurs à l'huile une petite dose de cire dissoute dans de l'essence. C'est le procédé inventé au XVIIIe siècle par le Baron de Taubenheim. Mais, avec ce procédé, il faut se garder de passer cette dissolution de cire sur les couleurs, comme un vernis à retoucher, avant l'achèvement définitif du tableau, car toute retouche de couleurs, étalée par dessus cette couche de cire, se détacherait comme une peau morte, aussitôt que sa dessication serait complète.

Dans les notices de certaines « liqueurs à mater », il est dit que l'on peut repeindre impunément par dessus la couche de cire. Nous croyons utile de prévenir nos confrères du désastre certain auquel ils s'exposeraient, en suivant ce conseil.

Voilà, aussi impartialement résumées que possible, les principales méthodes de peinture à l'huile que nous avons étudiées. Leur explication est tellement délicate que la nôtre sera souvent insuffisante, pour être bien comprise.

Néanmoins, nous espérons que nos confrères, tirant parti de nos observations, pourront, en y ajoutant leur expérience personnelle, réaliser la technique qui convient à chacun d'eux et à l'expression des besoins esthétiques de notre époque. Et ce sera là notre récompense.

CHAPITRE IX

Vernissage.

Le tableau terminé peut être tellement dénaturé par les embus, que le vernissage final soit une opération indispensable.

Mais il est d'autres cas où, grâce à la clarté des valeurs et à la matité égale de toutes ses parties, il semble que le tableau ne gagnerait en rien, à être recouvert de vernis. Dans ce dernier cas, que faut-il faire ? Le vernis est-il indispensable comme protecteur de la peinture, et ses défauts ne sont-ils pas plus grands que ses avantages?

Réponse: Les vernis ont commis tant de dégâts, qu'il vaudrait infiniment mieux ne pas les imposer aux peintures en question ; la légère couche d'huile recouvrant les couleurs suffit généralement pour les protéger contre l'action des gaz délétères.

Mais il n'y a guère que quelques paysages qui puissent

réellement se passer de vernis ; dans les tableaux de figures, le moindre embu déforme les modelés ; il faut donc se résigner pour eux aux inconvénients des vernis, et s'ingénier à les rendre moins nuisibles.

Nous avons vu combien la dessication des vernis différait de celle des huiles et montré les dangers qui résultaient de la superposition de résines dures et rétractiles à une couche de couleurs à l'huile demeurant molle pendant près d'une année après leur dessication apparente.

La conclusion qu'on en tirait, jadis, était d'interdire le vernissage du tableau avant qu'une année se soit écoulée depuis sa sortie de l'atelier.

Aujourd'hui il est pour ainsi dire impossible d'obtenir qu'un pareil délai soit observé par l'acquéreur du tableau ou même par son auteur. Chaque Exposition est précédée d'un jour de « vernissage » où on ne vernit pas, il est vrai, mais qui, lui-même est précédé d'un autre jour, pendant lequel on vernit à tour de bras, au milieu de toutes les poussières.

La première chose à faire, serait donc de supprimer radicalement cette déplorable coutume et de *ne vernir les tableaux qu'une fois dans leur existence*, avec un vernis choisi avec soin et avec les précautions que nous indiquerons plus loin.

Mais auparavant, nous croyons utile d'expliquer qu'entre une couche d'huile et une couche de vernis, il existe une différence autre que celle de la dessication, déjà étudiée.

C'est la différence dans la façon dont ces deux matières se comportent à l'ombre ou à la lumière.

L'huile jaunit dans l'obscurité et blanchit à la lumière.

La résine des vernis reste claire dans l'obscurité et noircit à la lumière.

Si l'on suspend un tableau sur un mur peint à l'huile en gris, lorsque, au bout d'un an on retirera ce tableau, on sera étonné de l'énorme différence qui existera entre la partie restée à l'ombre du tableau et les autres parties du mur. Ces dernières auront gagné en fraîcheur, à la lumière, tandis que la première aura foncé et jauni considérablement.

Si ensuite, on la laisse à la lumière, elle finira par s'éclaircir à son tour et elle se confondra avec le reste du mur.

Si au contraire on a recouvert une peinture à la résine, du même gris, d'une couche épaisse de vernis, et si le mur est exposé à une très vive lumière, on s'apercevra au bout d'un an, lorsqu'on retirera le tableau que l'on y aura accroché, que la partie restée à l'ombre a gardé toute sa fraîcheur, tandis que les parties exposées à la lumière ont commencé à brunir ; ce travail d'obscurcissement continuera indéfininiment, et il n'existera plus aucun moyen de ramener le vernis à sa première fraîcheur, comme cela se produit pour l'huile rancie que l'on expose à la lumière.

De ces constatations il résulte que si on tenait les

tableaux enfermés, en ne les sortant que rarement au jour, comme les estampes d'un carton, les vernis conserveraient toute leur clarté, mais par contre les huiles rancieraient de la façon la plus désagréable.

Si l'on expose au contraire ce tableau à une lumière trop intense, les huiles s'éclairciront, mais les vernis superficiels noirciront dans de telles proportions que l'effet sera encore plus désagréable.

Il faut donc rechercher une juste mesure, d'abord dans un éclairage moyen pour les tableaux, de façon à ce que sa lumière conserve aux huiles leur clarté, sans trop obscurcir les vernis, ensuite dans le choix d'un vernis, lequel devra être étalé en couche aussi mince que possible.

Comme nous l'avons dit au chapitre des vernis, toutes les résines quelles qu'elles soient, sont destinées à noircir à l'égal du goudron ; il n'est donc de remède que dans la minceur de la couche de vernis dont on recouvrira les couleurs. Mais alors, nous sommes obligés de renoncer aux vernis à l'essence pure ; ils sont en effet tellement sensibles à l'action de l'air et de l'humidité, qu'ils perdent leur transparence et leur brillant, d'autant plus vite qu'ils sont étalés en couches plus minces. Ils s'évaporent, dit-on généralement. Malheureusement non, ils ne s'évaporent pas ; car s'ils s'évaporaient réellement, la solution serait trouvée ; il n'y aurait qu'à les renouveler de temps à autre. Mais ils restent entièrement sur le tableau, après avoir perdu leur transparence, et cette perte de la transparence active leur décomposition, qui les fait brunir ; plusieurs couches de vernis que l'on croit s'être évaporés suffisent pour rendre un tableau à peu près invisible.

Les seuls vernis qui résistent dans ces conditions, ce sont les vernis mixtes, à l'ambre ou au copal, additionnés d'une très forte dose d'essence de térébenthine, qui permet de les étaler en couche extra-mince. Ces vernis ont aussi l'avantage, grâce à l'huile qu'ils contiennent, de résister davantage aux désastreux chancis, et de posséder une *souplesse* qui permet de les passer sans danger, sur un tableau qui vient d'être achevé, dans un délai bien plus court qu'on ne pourrait le faire, avec des vernis à l'essence. Ils sont aussi moins dangereux que ces derniers, pour la couche de couleurs, par le fait de leur minceur.

Voici, à notre avis, la meilleure manière de les utiliser.

On en passe d'abord sur tout le tableau une couche tellement mince que son brillant sur les sombres et son ton ambré sur les clairs soient à peine perceptibles ; seuls, les embus doivent disparaître.

Puis, sur les teintes foncées, qui peuvent supporter un très léger jaunissement, sans inconvénient, on passe une seconde couche, qui leur donne plus de transparence et de profondeur.

Ces vernis séchant moins vite que les vernis à l'essence, on doit tenir le tableau dans une pièce chauffée à 18 ou 20 degrés et l'exposer à une lumière intense qui blanchira l'huile contenue dans le vernis.

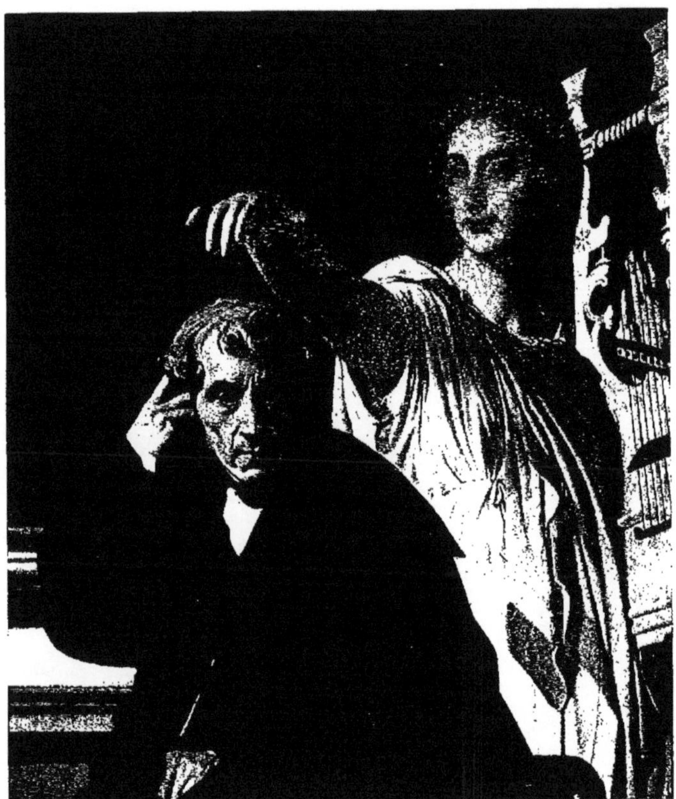

Cliché Giraudon.

INGRES. — Portrait de Chérubini. (Musée du Louvre).

Le portrait de Chérubini avait d'abord été exécuté sur une petite toile que l'on a fixée au milieu d'une toile de plus grandes dimensions. Ce raccord se distingue très nettement sur la reproduction ci-jointe.

La tête et le bras de la Muse étant les seules parties craquelées de ce tableau, il est évident qu'Ingres les a exécutées par-dessus une première peinture de cette tête et de ce bras, dont il n'était pas satisfait et qu'il avait effacée.

La seconde peinture superposée à la première couche de couleurs insuffisamment sèche devait fatalement craquer et un vernis, prématuré pour cette partie du tableau, devait accentuer le désastre.

Nous trouvons dans cette figure presque tous les genres de craquelures : 1° Dans le bas du cou, les craquelures à peine visibles du vernis. — 2° Sur le front et sur les joues, les craquelures dues à l'action combinée de l'huile et du vernis. — 3° Sur le contour de la joue, dans les yeux, dans les narines, et sur la manche, les craquelures de l'huile. — 4° Sur le bras et dans les cheveux, les craquelures du bitume.

Voilà, après de longues années d'études le seul genre de vernis final, que nous osions recommander à ceux qui désirent utiliser le *brillant* de la résine.

Vernis à la cire. — Le seul produit qui remplace avantageusement la résine comme vernis final, c'est la cire.

La cire reste toujours souple et est pour ainsi dire inaltérable. La cire vieille de plusieurs siècles reste aussi sensible à ses dissolvants que celle qui a été récoltée hier.

Celle qui aura été étalée sur un tableau, ne le fera jamais gercer et restera toujours aussi facile à nettoyer ou à enlever avec de l'essence, à n'importe quelle époque, que le premier jour ; et cela sans arracher la peinture, comme cela se produit dans l'enlèvement d'un vernis. Et comme elle protège les couleurs contre les gaz délétères avec plus d'efficacité que les résines, nous pouvons la considérer comme le plus parfait des moyens de conservation de la peinture. Si elle avait été employée dès la première heure, nous pourrions admirer aujourd'hui les tableaux des Maîtres d'autrefois dans tout l'éclat qu'ils possédaient au moment où ils venaient d'être achevés. Seules quelques couleurs auraient passé ou noirci, comme elles l'ont fait sous leur couche de vernis.

Elle aurait également protégé les chefs-d'œuvre contre le mal qui les défigure de la façon la plus odieuse, nous voulons dire contre les retouches de vandales restaurateurs. Sur une couche de cire en effet, ces retouches impies n'auraient pu adhérer, et elles seraient tombées comme des peaux mortes, tandis que, exécutées généralement sur des peintures écorchées par le vernissage, elles s'accrochent d'une façon indéracinable.

Ce que certains peuvent reprocher à cette cire, c'est de mater les couleurs ; mais, elle fait disparaître les embus et, en la frottant avec une brosse douce, on lui donne un brillant très agréable.

Du reste, si l'on désire un vernis plus brillant, on n'a qu'à utiliser celui que nous préconisions tout à l'heure, puis, lorsqu'il est sec, à le recouvrir avec la cire qui le protège à son tour et le rend pour ainsi dire inaltérable.

CHAPITRE X

Altérations subies par le tableau au sortir de l'atelier

1°. — ALTERATIONS DUES A LA TECHNIQUE DE L'ARTISTE

Le tableau terminé, sortant de l'atelier, peut contenir en germe, par suite de la défectuosité de la technique employée par son auteur, bien des causes de destruction. Si son auteur a employé les couleurs ou les mélanges de couleurs que nous proscrivons, rien ne pourra prévenir les altérations de ces couleurs.

Les altérations de ce genre les plus fréquentes sont dues à l'emploi de laques ou de couleurs à l'aniline qui s'évaporent ou à celui des vermillons, des chrômes, ou du vert véronèse (mélangé au vermillon ou au cadmium), qui noircissent.

Les altérations des autres couleurs sont relativement bénignes.

Bien plus graves sont les craquelures, dues à une technique défectueuse, dans la superposition des couleurs, et dans l'emploi d'un vernis final prématuré.

Mais rien n'égale, dans ce genre, les dégâts occasionnés par les ébauches au bitume dans la peinture du XIXe siècle. Les craquelures dues à ce terrible fléau s'élargissent sans limites, parfois la couleur se rétracte à tel point qu'elle ne paraît plus qu'un petit îlot perdu au milieu d'une mer de bitume.

Les craquelures, prenant des formes très différentes les unes des autres, suivant leur cause initiale, nous avons cru intéressant d'en indiquer les principales, dans les tableaux ci-joints :

On remarquera que :

1° Les préparations à la craie et à la colle des panneaux employés par les Primitifs, se craquèlent comme des faïences et ces craquelures restant toujours très régulières et très fines, ne nuisent guère à l'ensemble de la peinture. Elles suivent généralement les fibres du bois.

2° Les préparations trop épaisses et trop lisses des toiles produisent des craquelures fines, mais très désagréables, parce qu'elles affectent des formes étranges en stries ou en toiles d'araignée, et se creusent en cuvettes et accrochent ainsi des luisants de lumière qui détruisent l'effet d'ensemble du tableau.

3° Les craquelures dues uniquement aux vernis sont plus graves sur les couleurs qui sèchent plus lentement, c'est-à-dire sur les parties sombres, que sur les clairs, solidifiés par le blanc d'argent. La forme est généralement celle de polygones assez régulièrement disposés.

4° Les craquelures dues à la fois à l'huile et au vernis ont à peu près la même régularité et la même forme que les précédentes, mais elles peuvent s'ouvrir bien davantage. Ce sont les craquelures habituelles des tableaux vernis trop tôt.

5° Les craquelures de l'huile ont des formes très variées, mais le plus souvent celle de la feuille de chardon ; elles peuvent s'écarter considérablement ; souvent, la surface des îlots de couleur se ride, surtout après le vernissage, qui accentue toujours les dégâts.

6° Les craquelures dues à un dessous au bitume ressemblent à celles de la couleur à l'huile, mais avec des formes plus variées encore ; quant aux fissures, elles arrivent parfois à de telles dimensions, que les îlots de couleur semblent perdus dans un lac de bitume. Leur surface se ride également davantage.

7° Les craquelures des tableaux anciens exécutées sur toile, sont assez régulières et fines. Le temps seul en est responsable. Parfois leurs bords se soulèvent légèrement.

8° Parfois, au contraire, c'est le centre des craquelures qui se soulève sous l'influence de l'humidité ou de la chaleur. Il se forme ainsi des ampoules souvent assez grosses et très fragiles. Le moindre choc les brise, et la peinture se détache de la toile.

9o Lorsque le biseau du châssis n'est pas assez profond, la toile, sous des chocs, ou en se détendant, se frotte sur les arêtes de ce châssis ; la peinture se fendille à cet endroit et la croix du châssis s'imprime sur le tableau d'une manière fort désagréable.

2o. — ALTERATIONS DANS LESQUELLES L'ARTISTE N'A AUCUNE PART DE RESPONSABILITE.

Revernissages. — Si le tableau a été peint dans les conditions les plus saines pour sa conservation, il n'est pas pour cela assuré d'un long avenir, car dès sa sortie de l'atelier, il risque de tomber dans les mains de Barbares qui lui infligeront les supplices d'incessants vernissages, de dévernissages, et de restaurations, avec la prétention de soigner sa santé.

Nous ne saurions trop le répéter, le vernis a été le plus terrible de tous les fléaux de la peinture, car si un vernis bien choisi est indispensable pour certains tableaux, par exemple pour ceux de Rembrandt, qui sans lui deviendraient presque invisibles, ce premier vernis devrait être en même temps le dernier. Or, à chaque exposition, à chaque changement de propriétaire, les malheureux tableaux sont enduits d'une couche nouvelle de vernis qui, après avoir brillé quelques jours contribue à « enfumer » les couleurs déjà voilées par ses prédécesseurs. En moins de dix ans, des tableaux dont nous avions admiré la fraîcheur sont devenus méconnaissables, grâce à ce traitement, et aussi rances que de vieux tableaux d'église.

Parfois, on varie les supplices ; dans l'espoir de revoir un peu des détails disparus sous le goudronnage des vernis, on lave le tableau à l'eau de savon, on le recouvre de blanc d'œuf, ou bien on le graisse comme une machine, avec de la vaseline ou de la couenne de lard, etc... !

Eau de savon. — Lorsqu'un tableau est devenu invisible, le vernis n'est pas toujours seul responsable. Surtout avant la diffusion de la lumière électrique, les fumées des chandelles, des lampes ou du gaz recouvraient les peintures d'une couche de suie. Aussi la première idée est de laver la peinture, et, comme cette suie grasse résiste à l'eau, on a généralement recours à de l'eau savonneuse. Procédé détestable !

Le savon pénètre dans tous les « pores » du tableau ; nul lavage ne peut l'en extraire et comme il est très hygrométrique, il contribue à la décomposition par l'humidité du vernis existant ou de celui qu'on lui superposera. De là des chancis bleuâtres ou opaques comme un blanc d'œuf cuit. La pomme de terre, préconisée pour remplacer le savon, est tout aussi dangereuse, pour les mêmes raisons.

Le seul mode de nettoyage admissible est l'emploi d'eau

additionnée d'une goutte d'ammoniaque, ou celui d'essence de térébenthine ou de pétrole bien rectifiés. Mais ces dissolvants énergiques, qui ont l'avantage de ne laisser aucune trace, après leur évaporation, ne doivent être maniés que par la main experte d'un restaurateur consciencieux.

Albumine. — Les photographes ont la déplorable habitude de passer une couche de blanc d'œuf (albumine), sur la toile qu'ils ont à reproduire, sous prétexte de faire mieux ressortir tous les détails. A cette pratique, il n'est pas d'excuse. Si le tableau est déjà verni, ce louche vernis qu'ils lui superposent n'ajoutera rien à la transparence, et s'il est recouvert de cire, cette opération détruira l'effet voulu par l'auteur.

Ce qui est plus grave encore, c'est que l'albumine est très sensible à l'humidité ; si on ne l'enlève pas, elle décomposera tous les vernis sur lesquels ou sous lesquels elle se trouvera, et, si on cherche à l'enlever, ce que l'on n'arrivera jamais à réaliser complètement, l'eau savonneuse qu'on a l'habitude d'employer augmentera encore le danger. *Un tableau passé à l'albumine et à l'eau de savon ne pourra jamais plus être verni convenablement.*

On n'a pas oublié la mésaventure survenue à un photographe qui avait passé la fameuse couche d'albumine sur un tableau célèbre exécuté à la détrempe par Sir Edward Burne-Jones. Voulant, après l'opération, enlever l'indispensable albumine avec la non moins fameuse eau de savon, il enleva en même temps cette peinture à la détrempe, soluble dans l'eau, et dut payer des dommages-intérêts considérables. Et, par bonheur pour lui, Burne-Jones était encore de ce monde.

Amateurs, artistes, conservateurs de Musées, ne confiez jamais un tableau à un photographe, sans exiger de lui le serment de n'utiliser aucune de ses funestes drogues.

Vaseline. — Personnellement, nous avons eu entre les mains un malheureux tableau qui est revenu de chez le photographe, couvert d'une couche épaisse d'un cambouis noir, poisseux, insoluble dans l'eau et dans l'essence de térébenthine. Seule l'essence de pétrole en eut raison après toute une journée de travail.

L'action de l'essence de pétrole nous mit sur la piste de la drogue employée et, devant la précision de notre accusation, le photographe vandale finit par avouer qu'il avait passé sur le tableau une couche de vaseline, avant de le photographier.

Depuis, nous vîmes bien d'autres accidents de ce genre, la vaseline étant devenue à la mode pour le « graissage » des tableaux.

Or, c'est là une pratique dangereuse au plus haut degré, surtout pour les tableaux vernis ou devant être vernis. La vaseline, ne séchant jamais et décomposant les résines des vernis, forme avec elles une sorte de cambouis éternellement poisseux, qui accroche toutes les poussières et qui ne peut être enlevé qu'avec les plus grandes difficultés, et au risque d'écorcher gravement la peinture.

Grâce à ces soins qui rappellent ceux de l'ours écrasant avec un pavé la mouche qui s'était posée sur le nez de son maître, nous avons vu des tableaux tombés en décrépitude, alors qu'ils étaient à peine âgés de quinze ans. Et alors, nous entendions d'amers réquisitoires contre les peintres, les marchands de couleurs, les chimistes, etc., que l'on rendait responsables des désastres de la peinture moderne. Et le tableau victime était emporté chez le médecin-restaurateur qui allait lui porter le dernier coup, avec l'opération chirurgicale du dévernissage et le poison des retouches.

CHAPITRE XI

Dangers de la restauration des tableaux.

Mais à quoi sert-il de récriminer sur les responsabilités ? Nous sommes en présence d'un tableau qui disparaît complètement sous une couche noire de vernis opaques, de grandes fissures le sillonnent de toutes parts, et même des fragments importants se sont détachés de la toile. Que faire ? Faut-il se contenter de faire appel à notre imagination et chercher à nous figurer ce que fut autrefois le chef-d'œuvre, ou bien devons-nous essayer de soulever ce triste voile des vernis et de reboucher les solutions de continuité qui le déparent ?

C'est là une des questions les plus discutées et, sur ce sujet, les avis sont partagés.

Pour les uns, il faudrait interdire absolument à une main profane de toucher soit à l'œuvre d'un maître, soit aux modifications les plus malheureuses apportées par le temps.

Pour les autres, une œuvre célèbre par sa fraîcheur et son éclat ne doit pas nous être présentée invisible sous une couche de goudron, et ceux qui l'admirent en cet état ne peuvent être de bonne foi.

A ceux qui estiment sacrilège la moindre retouche aux tableaux des anciens les plus enfumés et les plus détériorés, on peut répondre :

Si nos ancêtres avaient eu les mêmes scrupules, aucun des anciens tableaux de nos musées ne serait visible. Certaines toiles invisibles déjà du temps de Vasari sont revenues à la clarté de nos jours, et celles dont la belle conservation est le plus admirée ont été toutes dévernies, et même plusieurs fois, plus ou moins habilement retouchées et, pour la plupart, réentoilées.

Il est vraiment instructif à parcourir le catalogue des collections royales qui constituent le fonds même des collections du Louvre. On y lit le détail des dépenses occasionnées au XVIIIe siècle par les restaurations de tous les chefs-d'œuvre que nous admirons aujourd'hui, le prix de l'outremer employé à glacer les draperies des Rubens, etc. On se demande comment nous pouvons encore retrouver un peu du style propre à chaque maître sous de pareilles retouches.

En admirant trop l'obscurité communiquée aux tableaux par les vernis, on facilite la fabrication des vieux tableaux et les retouches qui déshonorent tant de chefs-d'œuvre.

Les maladresses du faussaire et celles du retoucheur

inexpérimenté sont facilement dissimulées sous une couche de vernis brun jaune, grossière contrefaçon des beaux vernis ambrés par le temps.

A ceux, au contraire, qui voudraient rendre au tableau sa fraîcheur première on peut répondre :

Il est plus difficile d'enlever complètement un vernis sans entamer la peinture que d'écorcher quelqu'un sans le faire saigner ; il faut ensuite avoir recours au retoucheur pour panser ces blessures, et les dégâts causés par le temps sont moins déplorables que ceux causés par la main d'un médecin si souvent imprudent.

En effet, tout est là.

Si l'on pouvait dévernir les tableaux sans les altérer, ainsi que cela a pu se faire, sans trop de dommages, pour ceux de certains Primitifs à surface absolument lisse, la question serait bien simple à résoudre.

Malgré le faible que nous éprouvons pour la tonalité ambrée que les ans donnent à certains vernis, nous estimerions qu'il ne faut pas hésiter à les enlever, lorsqu'ils sont devenus par trop obscurs.

Cette chaude patine ne serait pas longue à revenir, l'âge le plus beau pour une peinture et pour un bon vernis étant, à notre avis, entre dix et trente ans. Le temps déjà y a mis son charme et n'a pas encore commencé son œuvre de destruction. Malheureusement, le dévernissage est toujours une opération extrêmement dangereuse, et on ne dispose, pour la réaliser, que de procédés très barbares.

L'un d'eux consiste à user, avec le doigt, un endroit du vernis qui, sous le frottement, se réduit en une poussière de petits cristaux. Alors, à l'aide de ces petits cristaux qu'on roule sous le doigt, on « déroule » (c'est l'expression consacrée), toutes les autres parties du vernis. On se doute des dégâts que peut entraîner une pareille opération ; les glacis sont enlevés avec le vernis, les empâtement sont usés et, dans les creux, les résines décomposées n'ayant pu être atteintes, forment des sillons noirs d'autant plus pénibles à voir, que les demi-teintes sont devenues plus claires.

Nous avons vu tel portrait de Rembrandt, après qu'il eût été déverni. Le nez, assez fortement empâté, avait été usé et semblait un nez écrasé contre une vitre, tandis qu'autour des touches représentant les ailes de ce nez, des ravins remplis de crasse simulaient parfaitement l'ombre portée sur la chair par un nez de carton.

Ce procédé, qui d'ailleurs est sans effet sur les vernis gras, devrait donc être sévèrement interdit.

Les autres procédés de dévernissage consistent à enlever le vernis au moyen d'un dissolvant puissant : l'alcool pur ou la vapeur d'alcool sont les plus employés. Ce sont les seuls que l'on puisse recommander.

Lorsque la peinture a été exécutée à l'huile pure, l'alcool enlève assez facilement le vernis sans attaquer par trop la couleur ; mais si la peinture contient elle-même de la résine, l'opération devient beaucoup plus délicate, car l'alcool qui dissout le vernis supérieur, risque de dissoudre en même temps le vernis incorporé aux couleurs.

Et, dans ce cas, nous pensons que les vapeurs d'alcool seraient encore plus dangereuses que l'alcool liquide dont on peut mieux surveiller les effets.

Signalons, pour terminer, un moyen très pratique de redonner de l'éclat et de la transparence à des vernis décomposés par les chancis ; c'est de passer rapidement à leur surface avec une brosse large et douce, de l'alcool à 90°. Le vernis se refond, instantanément et reprend toute sa limpidité, tandis que tous les chancis disparaissent. Il n'en est malheureusement pas de même de sa couleur qui reste aussi rance ou aussi brune qu'avant l'opération.

Quelles que soient les précautions que l'on ait prises, un dévernissage écorchera toujours certaines parties du tableau et celui-ci devra passer dans les mains d'un « retoucheur ».

Loin de nous l'idée d'entreprendre ici une campagne contre les restaurateurs de tableaux. Nul plus que nous n'admire les prodiges d'adresse, de patience et de goût exécutés par certains d'entre eux !

Peintures détachées de la muraille humide ou du panneau pourri, transportées sur une toile neuve et saine ; repeints exécutés par des mains sauvages, enlevés avec assez de dextérité pour nous faire retrouver en dessous l'œuvre primitive du Maître, à peu près intacte, etc.

Nous ne leur ménagerons à ce sujet ni nos félicitations ni notre reconnaissance.

Mais, sous peine de devenir funeste, leur rôle si délicat et si difficile doit être nettement délimité.

Après avoir réentoilé un tableau, l'avoir déverni, ils ont souvent à remplir des crevasses ou des vides laissés par des parties tombées, et c'est dans cette dernière opération que trop souvent ils méritent les blâmes les plus sévères. En effet, dans ce travail qui doit paraître si simple à tout le monde, surtout en comparaison du réentoilage et du dévernissage, ils se heurtent à une difficulté insurmontable.

La peinture avec laquelle ils remplissent cette crevasse doit contenir à peu près autant d'huile et de vernis que celle qui l'entoure, afin de bien se confondre avec elle et de présenter le même aspect.

Or, toute couleur suffisamment saturée d'huile et de vernis continue à foncer comme nous l'avons déjà dit, jusqu'au moment où elle arrive à sa dessication définitive.

Telle retouche, faite exactement au ton du tableau, dont les couleurs bien sèches ne noircissent plus, ne s'accordera aucunement avec elles, lorsqu'elle aura subi, à son tour, cet obscurcissement inévitable.

Exemples : Dans le Calvaire, d'Andréa Solario, l'épaule du soldat jouant aux dés, est marbrée de taches semblables à celles d'une hideuse maladie de peau.

Dans la Vierge aux Rochers, de Léonard de Vinci, la

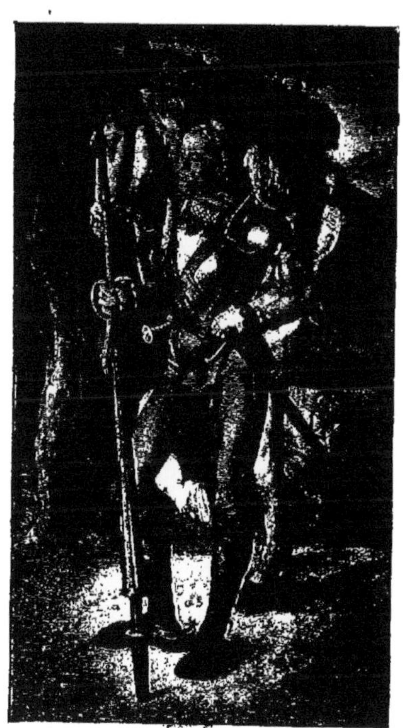

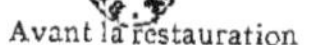

Avant la restauration

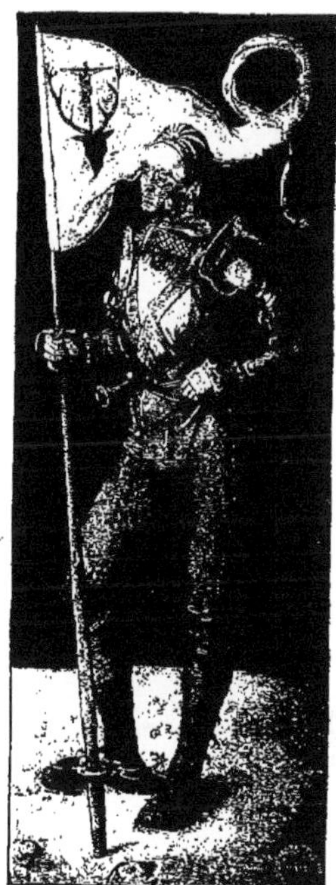

Cliché Bruckmann.

Après la restauration

ALBERT DURER. — Un des volets de l'autel Paumgartner.

(Pinacothèque de Munich).

Parfois les savants historiens rivalisent, comme vandalisme, avec les restaurateurs audacieux. La planche ci-jointe nous offre un specimen caractéristique de leur désastreuse collaboration.

hanche du petit saint Jean, est traversée par un repeint sombre évidemment très ancien, puisque nous l'avons trouvé reproduit comme un modelé, dans une copie très belle et très ancienne de ce tableau.

L'artiste lui-même a beaucoup de peine à faire des retouches invisibles sur ses propres tableaux.

Comment les restaurateurs espércraient-ils dissimuler les leurs ? Aussi, sachant d'avance que la retouche qu'ils feraient sur une figure ne tarderait pas à se transformer en une tache affreuse, ils repeignent la figure tout entière.

Mais tout n'est-il pas préférable à une aussi monstrueuse profanation ?

Figurez-vous, par exemple, la tête de la Muse du portrait de Chérubini, d'Ingres, repeinte entièrement par un restaurateur dont la main serait fort adroite, mais peut-être insuffisamment douée pour remplacer celle du Maître incomparable.

Si jamais un sacrilège pareil, dont il fut question, un moment, était commis, nous demanderions, pour sauvegarder l'honneur du Maître vénéré, que le nom du retoucheur fût, pour ainsi dire, « cloué au pilori ». Au-dessous de l'inscription « Ingres pinxit », on écrirait : « La tête de la Muse a été repeinte par M. X... »

Il existe, hélas ! trop d'exemples de pareilles profanations. Bien des têtes de Titien ont été horriblement « tripatouillées ». Tandis que la Joconde a perdu ses cils qu'on ne lui a pas encore restitués, heureusement, certaines figures féminines du grand Vénitien qui avaient probablement perdu leurs sourcils dans un dévernissage, ont eu la chance, ou plutôt la malchance d'en acquérir de postiches tracés par une main malhabile.

En général, plus un tableau est célèbre, et plus il est « *soigné* » de cette façon. Et chacune de ses parties est d'autant plus soignée qu'elle a plus d'importance. C'est à la tête que le restaurateur le frappe, en premier. Et, s'il ne la repeint pas en entier, il la ravive par le seul genre de repeints qui ne repousse pas trop rapidement : des frottis de rouge sur les lèvres et sur les joues, quelques glacis chauds dans les narines, les sourcils et les prunelles, et enfin un rehaut de blanc sur le point brillant des yeux.

Les mains sont ensuite l'objet de sa sollicitude, mais à un degré moindre ; puis les draperies qu'il est si facile de rajeunir avec un glacis couleur sirop de groseilles, vert pipermint ou bleu de lessive. Quant aux fonds, ils restent souvent la seule partie du tableau où l'on puisse retrouver la main du Maître, pas toujours, cependant, car parfois l'histoire se ligue, elle aussi, avec les Vandales de la Peinture.

Exemple : Il existait jadis, en Allemagne, un tableau d'Albert Dürer, représentant un Chevalier à la brillante armure, au casque empanaché ; derrière lui était représenté son coursier et dans le fond, se dressait un château féodal. Personnage et accessoires portaient tous l'empreinte si caractéristique du Maître de Nuremberg. Aujourd'hui, de ce tableau il ne reste plus guère que la tête et les mains du Chevalier, et, probablement, odieusement retouchées. (Nous n'en pouvons juger que d'après une reproduction). L'armure a été changée, le panache a été coupé, le casque a été remplacé par une espèce de marmite renversée, quant au coursier et au château féodal, ils ont été complètement effacés sous un fond sombre tout uni !

Qu'est-il donc arrivé ? Il paraît que par des documents anciens, on avait acquis la preuve que le panache, le coursier et le château féodal avaient été peints, non par Albert Dürer, mais par un de ses élèves.

Si le fait est exact, l'élève est inexcusable, mais son œuvre était pleine de caractère et inspirée par la connaissance approfondie de l'idéal et de la technique d'Albert Dürer, tandis que la reconstitution soi-disant historique atteint un degré de grotesque qu'il est difficile de dépasser.

Nous avons vu d'autres exemples de cette rage de restauration qui sévissait en Allemagne avant la guerre, dans les œuvres des Primitifs français, que ce pays envoya à une Exposition de Paris, et qui reluisaient avec l'éclat des plus grossières chromolithographies.

Heureusement, en France, le bon goût des conservateurs de nos Musées et la surveillance des artistes, ont préservé nos trésors de peinture de ces invraisemblables profanations.

La règle est de réduire les restaurations au minimum ; un exemple qui fit grand bruit, il y a une trentaine d'années, prouve combien cette surveillance du public éclairé est vigilante :

Un jour, le célèbre tableau de Rembrandt, « Les pèlerins d'Emmaüs », dont quelques parties étaient peu visibles, sous leur vernis couvert de chancis, parut aux yeux des artistes scandalisés recouvert d'un vernis plus brillant qu'une glace ! Une émotion intense s'empara de tous : peintres, critiques d'art, amateurs ; des articles d'une violence inouïe furent lancés contre les Conservateurs du Musée du Louvre et, au premier rang de ces articles, celui qu'Henri Rochefort publia dans « l'Intransigeant », produisit une profonde sensation : « Tous les « lundis, s'écriait le mordant polémiste, l'Administration « du Louvre fait *cirer* les parquets ; elle en profite pour « faire en même temps *cirer* les Rembrandt. »

Sous ce flot d'invectives, l'Administration du Louvre, d'abord un peu décontenancée, se reprit et répondit qu'une erreur avait été commise par un gardien, lequel avait été puni, et que le mal avait été réparé.

On se précipita au Louvre et on constata que le vernis du tableau de Rembrandt avait perdu son éclat de glace et semblait avoir repris son aspect habituel, et peu à peu, l'opinion se calma. Que s'était-il passé ?

Pour redonner de la transparence à ce vernis décomposé par les chancis, l'Administration du Louvre avait fait procéder à une opération courante et sans danger : les chancis les plus opaques disparaissent instantanément sous l'action de l'alcool à 90° et ce procédé avait été appliqué aux vernis des « Pèlerins d'Emmaüs ».

L'alcool s'évaporant immédiatement, on n'avait rien ajouté au tableau ; seul le *vernis existant* avait été recomposé par l'alcool et, par suite, il avait repris toute sa transparence, avec un brillant qui, il faut le reconnaître, était fort désagréable.

Ce brillant eût disparu bien vite, de lui-même, mais pas assez vite pour calmer l'opinion. Alors, comment s'y était-on pris pour l'atténuer ainsi, du jour au lendemain ? La chose parut suspecte à un peintre de nos amis, et à nous, et nous nous rendîmes au Louvre, pour examiner le cas de très près.

Pendant que le gardien avait le dos tourné, nous passâmes rapidement le doigt sur un coin du tableau. Ce que nous pensions s'était réalisé : pour enlever instantanément le brillant du vernis, on avait eu recours au procédé bien connu pour mater les tableaux ; on avait passé une légère couche de cire, dont nous reconnûmes la présence au crissement qu'elle fit sous notre doigt.

Et nous nous retirâmes, rassurés, car ce procédé ne pouvait qu'aider à la conservation du chef-d'œuvre. Mais nous fûmes pris d'une douce gaîté, à l'idée de la gaffe de Rochefort : en reprochant *faussement* à l'Administration du Louvre d'avoir fait *cirer* les Rembrandt, le grand journaliste était arrivé à faire *cirer réellement* un Rembrandt.

Une conséquence également fâcheuse des retouches audacieuses des restaurateurs, c'est de faciliter singulièrement aux faussaires la fabrication des vieux tableaux.

Nous nous rappelons, dans une vente célèbre, chez Georges Petit, un Ruysdaël chargé d'empâtements dont les arêtes aiguës dévoilaient la jeunesse, et vieilli au moyen d'un glacis de noir d'ivoire dont le ton froid singeait gauchement la crasse brune des années. Toute la peinture, que nous avions sous les yeux, datait de quelques années à peine. Existait-il un véritable Ruysdaël en dessous ? Nous ne le saurons jamais.

Entre des tableaux authentiques retouchés de la sorte et des faux fabriqués de toutes pièces, quelle différence est-il possible d'établir ?

Les retouches dissimulant l'original et les faux tableaux, datent tous deux d'hier ; leur exécution est identique ; souvent même celle du faux, qui exige une plus grande habileté, paraîtra plus artistique et plus conforme à la technique ancienne.

La seule précaution importante pour son auteur est de choisir un panneau ou une toile bien pourris pour exécuter son pastiche, car, pour juger de l'ancienneté et de l'authenticité d'une œuvre peinte, on la regarde peut-être plus à l'envers qu'à l'endroit. Il devra enfin le recouvrir d'un vernis saturé de jus de tabac.

On voit par ces exemples que nous pourrions multiplier à l'infini que, si les partisans du dévernissage et de la restauration ont quelquefois raison, les ennemis de ces opérations sont bien plus souvent dans le vrai.

CHAPITRE XII

Dans quelles proportions le dévernissage et la restauration des tableaux sont-ils admissibles ?

Notre devoir étant d'être impartiaux, cherchons un moyen terme, permettant de contenter les uns sans trop alarmer les autres, et surtout sans attenter à la beauté des chefs-d'œuvre.

Mettons d'abord de côté tous les tableaux dont la santé est encore suffisante et dont les vernis ne sont que légèrement obscurcis ; nous laisserons le soin de s'en occuper aux générations futures. Il ne peut être question d'une lessive générale.

Mettons aussi de côté certains *accidents irréparables*, comme les craquelures de la tête de la Muse du portrait de Chérubini, par Ingres.

Ces craquelures sont trop nombreuses et trop larges dans des parties aussi délicates que les yeux ou les narines, pour qu'on puisse les reboucher sans *inventer* le dessin et le modelé.

En dehors d'Ingres, personne au monde ne serait capable de cette opération laquelle, dans d'autres mains, serait aussi hasardée que l'adaptation à la Vénus de Milo, de bras exécutés par un sculpteur orthopédiste.

Quelques années avant la guerre, un restaurateur habile avait trouvé le moyen de ramollir les écailles de peinture craquelées et de les ressouder les unes aux autres. Il répara ainsi un tableau d'Ary Scheffer, tout craquelé sur un fond de bitume. Nous ignorons s'il a continué ses expériences qui peuvent être très intéressantes pour des fonds ou pour des draperies, dont le dessin et le modelé n'exigent pas une absolue précision. Si cette opération n'altère pas dans l'avenir la constitution de la couche de couleur, elle serait dans ce cas, très préférable au rebouchage des vides des craquelures avec une couleur nouvelle.

Mais si, comme il l'avait demandé, on l'autorisait à réparer les craquelures de la Muse de Chérubini, alors son procédé deviendrait aussi dangereux que les procédés habituels. En effet, lorsqu'il rendrait leur élasticité à deux îlots de couleur écartés, pour les rapprocher l'un de l'autre, dans des parties aussi délicates que le nez et les yeux, il ferait œuvre personnelle et déformerait inévitablement l'original, en tirant plus ou moins la peau des couleurs de façon à rétablir le dessin et le modelé qu'il s'imaginerait être le dessin et le modelé véritables. Lorsque sur un cliché photographique une craquelure se produit dans la gélatine humide, il est absolument impossible de rapprocher les lèvres de la pellicule, dont l'état est analogue à celui de la peau de couleur ramollie, sans commettre les pires déformations.

Heureusement l'autorisation fut refusée, et nous espérons que toute proposition du même genre aura le même sort. De même que nous nous sommes résignés à ne voir la Venus de Milo que privée de ses bras, résignons-nous à ne voir la Muse d'Ingres avec son mystérieux sourire, qu'à travers le réseau de ses craquelures. Telle quelle, nous pouvons la compter parmi les plus exquises figures féminines du Maître ; restaurée, elle ne serait plus bonne qu'à décorer des boîtes à bonbons ; nous en trouvons la preuve dans certaines photographies où ses crevasses ont été retouchées.

Si nous nous sommes appesanti sur cet exemple, c'est pour montrer que la restauration devrait respecter avant tout les figures et, malheureusement, c'est ce qu'elle respecte le moins.

Ecartons donc par principe toutes les peintures adhérant encore à leurs supports, suffisamment visibles sous leurs vernis ou affligées d'accidents aussi irréparables que celui de la Muse de Chérubini.

Dévernissage. — Pour les autres tableaux qui sont devenus vraiment invisibles sous leurs couches innombrables de vernis décomposés, il faut nous résigner à les dévernir, mais avec les plus grandes précautions et, si possible, sans arriver jusqu'à la peinture.

Les couches inférieures du vernis sont généralement moins altérées et moins noircies que les couches supérieures, et l'idéal serait d'en laisser une pellicule très mince et très égale partout, sur les empâtements où il s'enlève trop vite aussi bien que dans les cavités d'où il est si difficile de l'extraire.

En procédant ainsi, on ne risquerait plus d'arracher les glacis, ni d'user les empâtements, de plus, la teinte légèrement dorée des restes de cet ancien vernis refondus par le passage d'un peu d'alcool à 90° empêcherait nos yeux d'être choqués par l'éclat de couleurs trop rajeunies. Il est vrai que ce résultat est des plus difficiles à atteindre, il faut, pour y réussir, une adresse merveilleuse et une patience à toute épreuve.

Retouches. — Le tableau déverni, il reste à reboucher les fissures et à remplacer les parties détachées. Nous avons vu qu'il était impossible d'empêcher les retouches faites avec de la peinture à l'huile, de marquer en taches sombres, au bout de peu de temps. Pour parer à cet inconvénient, certains restaurateurs ont complètement banni l'huile de leurs couleurs ; ils n'utilisent que des couleurs broyées par eux-mêmes, avec de la résine et de l'essence exclusivement.

Nous ne saurions trop approuver ce procédé : avec lui,

les couleurs foncent bien en séchant, mais comme cet obscurcissement définitif se produit en même temps que la dessication, laquelle dure à peine vingt-quatre heures, il est très facile au restaurateur de corriger sa retouche jusqu'à ce qu'elle s'harmonise *définitivement* avec la couleur qui l'entoure. De plus, avec cette couleur très visqueuse, il est difficile de repeindre tout un morceau ; aussi le restaurateur ne sera pas tenté d'étendre sa retouche au-delà du vide qu'il a à remplir.

Réentoilage. — Nous ne dirons rien de la façon d'exécuter les autres opérations nécessaires à la restauration d'un tableau, telles que le réentoilage, n'ayant pas la prétention d'apprendre leur métier à des gens aussi savants et aussi adroits que certains restaurateurs.

A l'adresse, ils devront toujours joindre deux qualités: la patience et une prudence extrême, et ces qualités leur seront d'autant plus nécessaires, s'ils renoncent aux méthodes dont nous venons de faire le procès et se contentent de celles que nous indiquons, car toute erreur commise leur sera plus difficile à dissimuler.

CHAPITRE XIII

Autres précautions à prendre pour la conservation de la peinture

On songe rarement à protéger un tableau par derrière, et pourtant, surtout pour ceux qui sont sur toile, cela est de la plus grande importance. L'humidité de l'air ou des murs pénètre la toile, corrompt la couche de colle destinée à empêcher l'huile des couleurs de la brûler, la moisit et fait tomber la peinture par larges plaques. De plus, tous les frottements, les moindres coups brisent la couche de couleurs et impriment sur elle les arêtes du châssis.

Le meilleur mode de préservation consiste à tendre d'abord une forte toile préparée à l'huile, l'impression tournée du côté du châssis, avant de tendre celle de la peinture. Celle-ci se trouvera ainsi préservée de l'humidité, des chocs et, même, elle ne se détendra plus jamais, si l'on s'est servi d'un châssis de bois bien sec.

Il est également bon de clouer de petites tringles de bois tout autour du châssis. On préservera ainsi les rebords de la toile qui y sont cloués de l'usure des frottements qui finiraient par la couper.

Pour les panneaux, le très simple mode de préservation consiste à passer une ou deux couches de peinture par derrière et sur les côtés.

TABLE DES PLANCHES HORS TEXTE

TABLE DES MATIÈRES

CHAPITRE VIII

CHAPITRE IX

CHAPITRE X

CHAPITRE XI

CHAPITRE XII

CHAPITRE XIII

Verneuil-sur-Avre (Eure). — Imprimerie Henri Turgis. 8-1926.

www.ingramcontent.com/pod-product-compliance
Ingram Content Group UK Ltd.
Pitfield, Milton Keynes, MK11 3LW, UK
UKHW020956230726
13923UKWH00007B/433